什么是中国特色社会主义

主　　编　闫　玉

副 主 编　孔德生　王雪军

本册作者　李忠东　徐　蕾

中华工商联合出版社

图书在版编目（CIP）数据

什么是中国特色社会主义 / 李忠东，徐蕾著. --
北京：中华工商联合出版社，2014. 3
ISBN 978-7-5158-0842-0

Ⅰ. ①什… Ⅱ. ①李… ②徐… Ⅲ. 中国特色社会
主义—通俗读物 Ⅳ. ①D616-49

中国版本图书馆 CIP 数据核字（2014）第 034642 号

什么是中国特色社会主义

作　　者：李忠东　徐　蕾
出 品 人：徐　潜
策划编辑：魏鸿鸣
责任编辑：林　立
封面设计：徐　超
责任审读：李　征
责任印制：迈致红
出版发行：中华工商联合出版社有限责任公司
印　　刷：固安县云鼎印刷有限公司
版　　次：2014 年 4 月第 1 版
印　　次：2021 年10月第 2 次印刷
开　　本：155mm×220mm　1/16
字　　数：79 千字
印　　张：12. 25
书　　号：ISBN 978-7-5158-0842-0
定　　价：38. 00 元

服务热线：010－58301130
销售热线：010－58302813
地址邮编：北京市西城区西环广场 A 座
19－20 层，100044
http://**www. chgslcbs. cn**
E-mail：cicap1202@sina. com（营销中心）
E-mail：gslzbs@sina. com（总编室）

目录 Contents

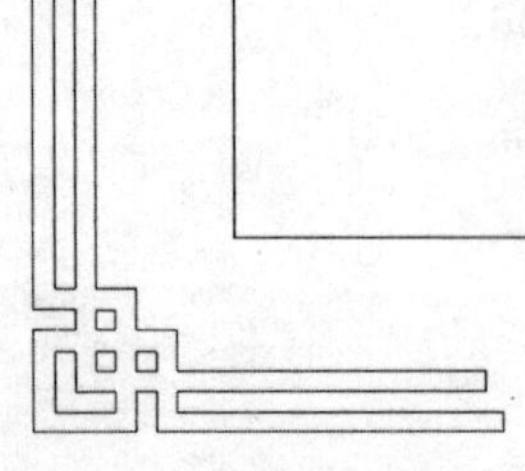

一、中国特色社会主义的历史轨迹

（一）党的第一代中央领导集体为开创中国特色社会主义提供了宝贵经验、理论准备、物质基础

党的十八大报告指出："以毛泽东同志为核心的党的第一代中央领导集体带领全党全国各族人民完成了新民主主义革命，进行了社会

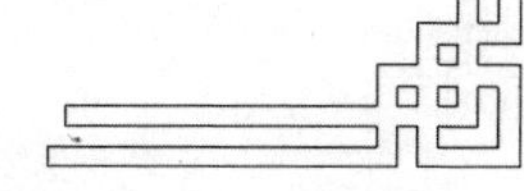

主义改造，确立了社会主义基本制度，成功实现了中国历史上最深刻最伟大的社会变革，为当代中国一切发展进步奠定了根本政治前提和制度基础。在探索过程中，虽然经历了严重曲折，但党在社会主义建设中取得的独创性理论成果和巨大成就，为新的历史时期开创中国特色社会主义提供了宝贵经验、理论准备、物质基础。”

1. 浴血奋战，实现民族独立和人民解放

从 1840 年的鸦片战争起，中国社会开始从传统的封建社会进入半殖民地半封建社会，国家日益贫弱，社会战乱不已，民族灾难深重，人民饥寒交迫。从 1842 年到 1911 年，清政府同西方列强签订了许多不平等条约。就割地、赔款两方面而言，这些条约给中国社会造成严重的灾难。

为挽救民族危亡，各个阶级都登上过中国的政治舞台。一个个党派纷纷登场，各种主义纷纷亮相，然而历史的发展无情地宣布，无论是主张改良主义的，主张全盘西化的，还是主张全盘复古的，都以失败告终。

以洪秀全的太平天国运动为代表的农民阶级几乎撼动了清王朝的统治，但是功败垂成；以康有为、梁启超为首的改良派，依靠光绪皇帝进行资产阶级性质的政治改良运动，结果历时 103 天就宣告失败。以孙中山为首的资产阶级运动领导的辛亥革命，尽管推翻了清王朝的统治，宣告中华民国成立，但是革命的果实很快便落到了以袁世凯为首的北洋军阀手里。中国半殖民地半封建社会的性质没有从根本上改变。

事实充分证明，在强大的帝国主义和封建势力双重压迫下，以洪秀全为代表的农民阶级具有局限性，以康有为、梁启超为代表的改良派具有两面性，以孙中山为代表的资产阶级具有软弱性，都不可能领导中国革命取得成功。资本主义的道路、资产阶级共和国的方案在中国行不通。

正当人们处于彷徨之际，俄国十月革命一

声炮响给中国送来了马克思列宁主义，经过五四运动，马克思列宁主义同中国工人运动相结合，1921 年在中国大地上诞生了中国共产党。

中国共产党成立后，立即深入各大工厂、煤矿、码头，组织和领导工人成立工会，开展反对帝国主义和军阀统治的罢工斗争。以 1922 年 1 月香港海员罢工为起点，中国工人运动掀起了第一个高潮；直至 1923 年 2 月，京汉铁路工人罢工遭到军阀血腥镇压，全国工人运动转入低潮。京汉铁路工人大罢工的失败，使中国共产党深刻认识到，要推翻帝国主义和封建军阀在中国的统治，仅仅依靠工人阶级的力量是不够的，还必须联合其他社会阶层，建立所有进步力量的联合战线。于是，1924 年以国民党一大的召开为标志，开始了第一次国共合作，掀起了大革命的浪潮。在广大工农群众的大力支持下，国民革命军迅速击溃了封建军阀的军队，控制了长江以南的大部分地区。

与此同时，国民党右派掀起的反共逆流也在滋长。1927 年4～7 月，蒋介石汪精卫等相继发动了反革命政变，正式同共产党决裂，大规模捕杀共产党人和革命群众，致使轰轰烈烈的大革命最终失败。

大革命的失败表明，要在一个像中国这样落后的东方大国进行革命，必须有新的思考，开辟新的道路。1927 年 8 月 1 日，周恩来、贺龙等领导发动了南昌起义，这是中国共产党独立领导革命战争、创建人民军队，开辟一条符合中国实际的革命道路，即“农村包围城市，武装夺取政权”道路的开端。

中国革命正是沿着这条道路走向胜利的。正当革命力量不断壮大的时候，敌人的疯狂“围剿”，加上王明“左”倾冒险主义的错误，使革命陷于极端困难的境地。在这个关键时刻，中国共产党及其领导的红军被迫实行战略转移，开始了闻名中外的二万五千里长征。在长征途中，1935 年 1 月，遵义会议确立了毛泽东同志在红军和党中央的领导地位，拨正了革命的航船。

此时，日本帝国主义在侵占中国东北三省

后又加紧向华北扩张。面对民族危机的加深和国内形势的重大变化，中共中央提出建立抗日民族统一战线。经过八年抗战，1945 年 8 月 15 日，日本天皇宣布无条件投降。抗日战争是中国近代史上第一次取得完全胜利的反侵略战争。

抗日战争胜利后，中国人民迫切需要一个和平安定的环境，以休养生息，重建家园。为此，中国共产党提出了和平、民主、团结的方针，主张建立民主联合政府。毛泽东亲赴重庆与蒋介石谈判，国共两党签署了《双十协定》，确定了和平建国的方针。但是，国民党反动派当时在美帝国主义的支持下，拒绝和平民主的要求，粗暴撕毁协定，公然发动内战。

经过三年解放战争，1949 年 10 月 1 日，毛泽东在北京天安门城楼庄严宣告，中华人民共和国中央人民政府成立。从此一个崭新的社会主义中国在世界上站起来了。

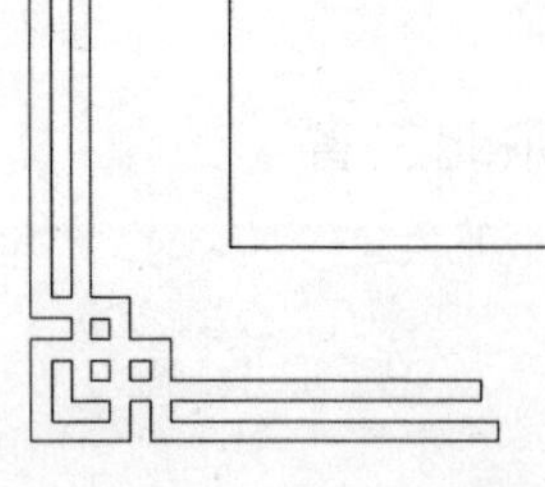

2. 艰难探索，社会主义建设在曲折中前进

新中国诞生之初，在国内，国民党的残余势力仍在负隅顽抗，西北、西南有大批的土匪，随时准备策应中国台湾的国民党反攻大陆；还留下了一批特务，伺机破坏国民经济建设；而国民经济发展低下，人民生活十分困难。在国际上，“冷战”兴起，以美国、英国为首的西方国家拒绝承认新中国，并对新中国实行政治孤立、经济封锁和军事包围政策。面对错综复杂的国内国际环境，中国共产党和人民政府依靠广大群众，肃清反动残余力量，战胜帝国主义的封锁、破坏和武装挑衅，巩固了新生的人民政权，医治战争的创伤。

通过社会主义改造，我国建立了社会主义基本制度和比较完整的工业体系和国民经济体系。并且自主研发了导弹、原子弹和人造卫星，加强了国防军队建设。当时美国、苏联都拥有核武器，面对大国的核威慑，毛泽东高瞻远瞩，做出了核武器要搞一点的指示。1956 年

9 月 30 日，毛泽东在同印度尼西亚总统苏加诺的谈话时指出“人家看我们不起，而且他们手里还有一个大东西，叫作原子弹。我们连一个小的都没有”。到 1961 年同蒙哥马利谈话的时候提出：“（我们）准备搞一点（核武器）。哪年搞出来，我不知道。美国有那么多，是十个指头。我们即使搞出来，也只是一个指头。这是吓人的东西，费钱多，没有用。我们用很少一点钱搞试验。我们没有雄厚的经济基础，工业才开始有一点。我们像穷人、叫化子，穿上漂亮衣服，到外面跑一跑。”可见，毛泽东对核武器的认识很深刻，“费钱多、用不上、就是个用来吓人的东西”，但是作为一个大国来讲，没有不行。经过艰苦攻关，终于在罗布泊实验成功了我们自己的原子弹。

然而，在中国这样一个幅员辽阔、人口众多、经济文化落后、地区发展很不平衡的大国建设社会主义，是一项十分艰巨而又异常复杂的任务。一段时间里，在“左”的思想指导下，中国共产党主要在两个重大问题上出现了失误：一是在经济建设的规模和速度问题上，犯了急于求成的错误。面对第一个“五年计划”取得的成功，在1958年通过的“二五计划”中提出要在第二个五年计划期间完成我国的社会主义建设，为向共产主义过渡创造条件，到1962年建成强大的独立完整的工业化体系，在若干重要产品和产量方面超过英国，赶上美国。试图通过发动群众运动，实现“大跃进”，跑步进入共产主义，结果使国民经济的发展受到严重的挫折。二是犯了阶级斗争扩大化的错误，导致了频繁的政治运动，并最终酿成“文化大革命”这样长达10年的全局性社会动乱。后来，邓小平在总结这段历史时说：那个时期出现的失误表明，对于什么是社会主义和怎样建设社会主义这一根本问题，中国共产党人还没有真正认识清楚，中国的社会主义制度还很不成熟、很不完善。

（二）以邓小平同志为核心的党的第二代中央领导集体成功开创了中国特色社会主义

党的十八大报告指出："以邓小平同志为核心的党的第二代中央领导集体带领全党全国各族人民深刻总结我国社会主义建设正反两方面经验，借鉴世界社会主义历史经验，作出把党和国家工作中心转移到经济建设上来、实行改革开放的历史性决策，深刻揭示社会主义本质，确立社会主义初级阶段基本路线，明确提出走自己的路、建设中国特色社会主义，科学回答了建设中国特色社会主义的一系列基本问题，成功开创了中国特色社会主义。"

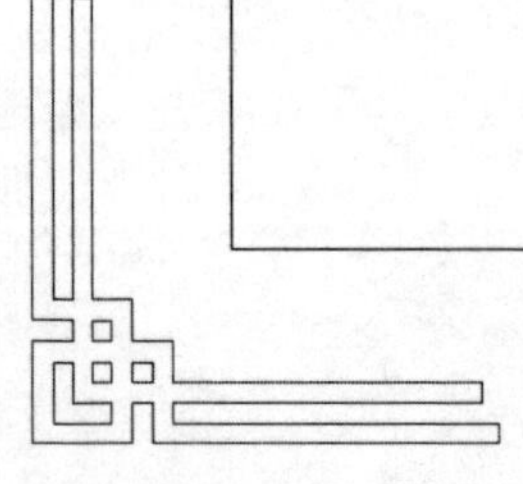

1. 解放思想，拨乱反正

(1) 倡导实事求是的思想路线，突破“两个凡是”的思想禁锢

粉碎“四人帮”后，举国欢腾，人心思变，百业待举。广大人民群众强烈要求纠正“文化大革命”的错误，彻底扭转十年内乱造成的严重局势。

但是1977年2月7日的“两报一刊”发表的社论提出了“两个凡是”的错误方针（即“凡是毛主席作出的决策，我们都坚决维护；凡是毛主席的指示，我们都始终不渝地遵循”），继续禁锢着人们的头脑和手脚。

为改变这种局面，真正解放思想，邓小平等老一辈革命家提出，“两个凡是”的实质是如何完整、准确地理解毛泽东思想科学体系的问题。为此，邓小平提出：“我们必须世世代代地用准确的完整的毛泽东思想来指导我们全党、全军和全国人民，把党和社会主义的事业，把国际共产主义运动的事业，胜利地推向

前进。”“我说要用准确的完整的毛泽东思想作指导的意思是，要对毛泽东思想有一个完整的准确的认识，要善于学习、掌握和运用毛泽东思想的体系来指导我们各项工作。只有这样，才不至于割裂、歪曲毛泽东思想，损害毛泽东思想。”

在 1977 年纪念毛泽东逝世一周年前后，聂荣臻、徐向前、张鼎丞等老同志分别发表文章，宣传实事求是思想原则。9 月 28 日，陈云发表《坚持实事求是的革命作风》的文章，明确把实事求是提到“马克思主义唯物主义的根本思想路线”的高度，认为“是否坚持实事求是的革命作风，实际上是区别真假马列主义、真假毛泽东思想的根本标志之一”。这些文章的基本思想，同邓小平提出的“用准确的完整的毛泽东思想来指导我们全党、全军和全国人民”这一正确主张相呼应，对冲破“两个凡是”、推动思想解放起到了重要作用。为不久后掀起的思想解放运动奠定了理论基础，拨正了方向。

（2）推动关于真理标准问题的大讨论，进一步解放思想，及时把党的工作重心转移到经济建设上来

1978年5月10日，中央党校的内部刊物《理论动态》第60期上，刊登了经胡耀邦审定的由南京大学胡福明撰写的文章《实践是检验真理的唯一标准》。随后各大报纸纷纷转载。这篇文章阐明，实践不仅是检验真理的标准，而且是“唯一标准”；实践不仅是检验真理的“唯一标准”，而且还是检验党的路线是否正确的“唯一标准”。这篇文章在全国引起了强烈的反响，由此引发了一场大讨论。

以邓小平为代表的老一辈革命家，旗帜鲜明地肯定了实践是检验真理的唯一标准这个马克思主义的重要观点，进一步批评了“两个凡是”的错误主张。

为了进一步推动真理标准问题的讨论，形成广泛的思想解放运动，推动中国政局向前发展，1978年邓小平在结束对朝鲜的访问后，先后视察了东北三省以及唐山和天津等地，并发

表了一系列重要谈话。

在这些谈话中，邓小平多次明确谈到党的工作重点转移问题。他指出，要从实际出发，利用各种现有的条件，实现四个现代化，切实加速前进的步伐。他特别强调，应该在适当时候结束全国性的揭批“四人帮”的群众运动，把党和国家工作的重点转移到四个现代化建设上来。

同时，还谈到了改革开放等问题。他从唯物史观的高度指出：“按照历史唯物主义的观点来讲，正确的政治领导的成果，归根结底要表现在社会生产力的发展上，人民物质文化生活的改善上。”而且，邓小平还从执政的高度指出：“如果在一个很长的历史时期内，社会主义国家生产力发展的速度比资本主义国家慢，还谈什么优越性？（外国人议论中国人究竟能够忍耐多久，我们要注意这个话。）我们要想一想，我们给人民究竟做了多少事情呢?”他强调：“社会主义要表现出它的优越性，哪能像现在这样，搞了二十多年还这么穷，那要社会主义干什么?”“我们一定要根据现在的有利条件加速发展生产力，使人民的物质生活好一些，使人民的文化生活、精神面貌好一些。”这些讲话内容后来都集中地反映了在中共十一届三中全会主题报告《解放思想，实事求是，团结一致向前看》中。

1978年12月18～22日，中共十一届三中全会在北京举行。全会坚决批判了“两个凡是”的错误方针，充分肯定了必须完整地、准确地掌握毛泽东思想的科学体系；高度评价了关于真理标准问题的讨论，确定了解放思想、开动脑筋、实事求是、团结一致向前看的指导方针；决定停止使用“以阶级斗争为纲”这个不适用于社会主义的口号，做出了从1979年起全党工作重心转移到社会现代化建设上来的战略决策。此外，全会还提出了必须按照客观经济规律办事；制定了关于加快农业发展的决定；提出了改革权力过分集中的政治、经济管理体制，实行对外开放、对内搞活的重要思想；着重提出了健全社会主义民主和加强社会主义法制的任务。开创了改革开放的新局面。

(3) 平反冤假错案，解决历史遗留问题

为准备十一届三中全会，1978 年 11 月 10 日，中央决定召开工作会议，主要讨论农业问题和未来两年国民经济计划安排。但是出席会议的陈云等老一辈革命家，在发言中率先提出首先必须解决平反冤假错案、彻底纠正“文化大革命”的错误等重大问题。在这些发言的推动下，出席会议的许多代表积极呼应，展开热烈讨论。这次会议总计开了 36 天，大大突破了原有的议题。

在会议闭幕时，邓小平具体分析了形成思想僵化或半僵化状态的历史条件及其危害，充分评价了关于真理标准问题讨论的重大意义：“目前进行的关于实践是检验真理的唯一标准问题的讨论，实际上也是要不要解放思想的争论。”“一个党，一个国家，一个民族，如果一切从本本出发，思想僵化，迷信盛行，那它就不能前进，它的生机就停止了，就要亡党亡国。”“关于真理标准问题的争论，的确是个思想路线问题，是个政治问题，是个关系到党和国家的前途和命运的问题。”肯定了真理标准问题讨论对解放思想的重大意义。

十一届三中全会召开后，党开始系统清理重大历史是非，拨乱反正全面展开。到 1982 年年底，基本完成了平反冤假错案和解决历史遗留问题的任务。大规模平反冤假错案的工作，抚平了很多人的心灵创伤，调动了人们的积极性，为社会主义现代化建设营造了安定团结的政治局面。

1981 年 6 月 27 日至 29 日，中共十一届六中全会召开，通过了《关于建国以来党的若干历史问题的决议》（以下简称《决议》）。《决议》对新中国成立 32 年来的一系列重大历史问题作出了正确的结论，彻底否定了“文化大革命”，实事求是地评价了毛泽东的历史地位，科学地将毛泽东晚年的错误同他的正确思想加以区别，充分论述了毛泽东思想的科学内涵，庄严宣告毛泽东思想是我们党宝贵的精神财富，将长期指导我们的行动。

2. 改革开放，开创中国特色的社会主义新局面

围绕着“什么是社会主义，怎么建设社会主义”这一根本问题，以邓小平为核心的党的第二代中央领导集体解放思想、实事求是，把马克思主义基本原理与中国社会主义建设实践相结合，与中国的具体国情相结合，用“摸着石头过河”、“大胆的试、大胆的闯”的精神，逐步找到了一条中国特色的社会主义道路。

(1) 从对苏联模式的质疑中探索、开辟了中国道路

邓小平非常注意从实际而不是从本本出发研究问题，1978 年 9 月提出了“社会主义制度优越性的根本表现，就是能够允许社会生产力以旧社会所没有的速度迅速发展，使人民不断增长的物质文化生活需要能够得到满足”的生产力标准。在 1978 年 12 月的中央工作会议上，他提出了要允许一部分地区、一部分人“先富起来”的大政策，以破除把平均主义当

做社会主义的错误观念。1980 年 4 月，邓小平在同外宾的一次谈话中提出了对什么是社会主义的思考："不解放思想不行，甚至于包括什么叫社会主义这个问题也要解放思想。经济长期处于停滞状态总不能叫社会主义。人民生活长期停止在很低的水平总不能叫社会主义。"1982 年，在党的十二大开幕词里邓小平明确提出了社会主义模式问题，指出："无论是革命还是建设，都要注意学习和借鉴外国经验。但是照抄照搬别国经验、别国模式，从来不能得到成功。把马克思主义的普遍真理同我国的具体实际结合起来，走自己的道路，建设有中国特色的社会主义，这就是我们总结长期历史经验得出的基本结论"。由此，中国共产党人冲破了斯大林的社会主义教条，开启了对社会主义再认识的大门。

（2）重新审视国情，提出社会主义初级阶段理论

我国还处在社会主义初级阶段，是邓小平对当代中国基本国情作出的科学判断。这一科

学判断作为邓小平理论立论的基础，是我们党正确制定现阶段基本路线与基本纲领的基本依据，也是我们党制定其他各项方针政策的立足点。

十一届三中全会以前，我们出现失误的一个重要表现就是犯了“超阶段”的错误，而原因就在于我们始终没有清醒地认识到我国还处在社会主义初级阶段这一基本国情。1979 年 9 月 29 日，叶剑英在庆祝中华人民共和国成立三十周年大会上的讲话指出：“社会主义制度还处在幼年时期”，“在我国实现现代化，必然要有一个由初级到高级的过程”。这个提法，反映了我们党探索社会主义发展阶段的新思想、新认识。1981 年 6 月，党的十一届六中全会通过的《关于建国以来党的若干历史问题的决议》，第一次使用了“初级的阶段”这一用法。1982 年 9 月，党的十二大再次指出：“我国的社会主义社会现在还处在初级发展阶段，物质文明还不发达。”

1987 年 10 月，根据邓小平关于社会主义

初级阶段的论述，党的十三大全面论述了社会主义初级阶段的基本含义、历史地位、基本特征和基本任务，形成了比较完整的社会主义初级阶段理论。那就是：一方面，我们已经是社会主义社会，我们必须坚持而不能离开社会主义；另一方面，我们的社会主义社会还处于初级阶段，我们必须从初级阶段的实际出发，而不能超越这个阶段。

(3) 提出党在社会主义初级阶段的基本路线和“三步走”发展战略

十一届三中全会初步提出了改革开放的方针。随后，又及时提出了要坚持社会主义道路、坚持无产阶级专政、坚持共产党的领导、坚持马列主义和毛泽东思想这四项基本原则。1980 年，邓小平在党的十一届五中全会上的讲话中指出，我们党在现阶段的政治路线，概括地说，就是一心一意地搞四个现代化。1981 年，党的十一届六中全会确定了以现代化经济建设、民主政治建设和精神文明建设为标志的全面建设社会主义的总任务。

党的十二大提出了总任务：团结全国各族人民，自力更生，艰苦奋斗，逐步实现工业、农业、国防和科学技术现代化，把我国建设成为高度文明、高度民主的社会主义国家。

党的十三大提出了党在社会主义初级阶段的基本路线：领导和团结全国各族人民，以经济建设为中心，坚持四项基本原则，坚持改革开放，自力更生，艰苦创业，为把我国建设成为富强、民主、文明的社会主义现代化国家而奋斗。其中，四项基本原则是立国之本，是我们党、我们国家生存发展的政治基石；改革开放是强国之路，是我们党、我们国家发展进步的活力源泉。

改革开放初期，邓小平借用“小康社会”并赋予了它新的内涵，1979 年 12 月 6 日，邓小平在会见日本首相大平正芳时首次提出了中国现代小康的概念，明确指出中国式的四个现代化就是“小康之家”。随后又提出了建设现代化的“三步走”战略。

1987 年 8 月 29 日，即中共十三大召开前

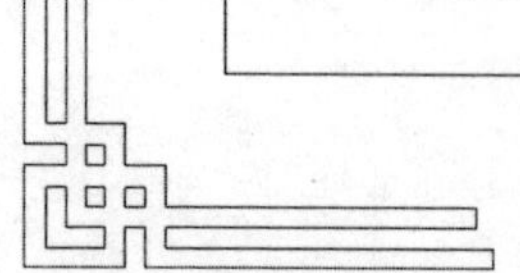

夕，邓小平在会见意大利共产党领导人时明确阐述了“三步走”战略：我国经济发展分三步走，本世纪走两步，达到温饱和小康，下个世纪用三十到五十年时间再走一步，达到中等发达国家水平。这就是我们的战略目标，这就是我们的雄心壮志。党的十三大明确而系统地阐述了“三步走”的发展战略，即第一步，从1981年到1990年实现国民生产总值比1980年翻一番，解决人民的温饱问题；第二步，从1991年到20世纪末，使国民生产总值再增长一倍，人民生活达到小康水平；第三步，到21世纪中叶，人均国民生产总值达到中等发达国家水平，人民生活比较富裕，基本实现现代化。

（4）阐明了社会主义的本质，逐步清晰了改革的市场取向

对于姓“资”姓“社”的争论是影响改革开放的关键问题，对此，邓小平提出的方针是，允许试，允许看，不搞强迫，不搞运动。中央书记处明确指示，先不要急于表态，下去

搞调查研究。在经过调查研究的基础上，中央提出本着“实事求是、因地制宜”的精神，由各省根据本地具体情况自行决定。经过几年的实践，1982 年 1 月，中共中央转发的《全国农村工作会议纪要》，终于达成一致共识：包产到户“不同于合作化以前的小私有的个体经济，而是社会主义农业经济的组成部分”。也就是说，包产到户姓“社”不姓“资”。此后，终于由承认个体经济的合法性，到承认私营经济的合法性；由承认个体经济和私营经济是社会主义经济的补充，到最终承认个体经济和私营经济是社会主义经济的组成部分。

我党在改革初期的关于市场经济的思路是“计划经济为主，市场调节为辅”。经过五年的实践，1984 年 10 月的中共十二届三中全会通过的《中共中央关于经济体制改革的决定》，终于克服了把计划经济同商品经济对立起来的传统观念的障碍，明确肯定中国的计划体制，“是在公有制基础上的有计划的商品经济”。在提出有计划商品经济的同时就指明，要逐步缩小指令性计划，扩大指导性计划，这个计划方式的变革是有关键意义的，因为两种计划方式在本质上不同，直接的、指令式的计划属于计划经济，而间接的、引导式的计划则实质属于市场经济。1987 年，中共十三大进一步明确，有计划商品经济新体制的运行机制，“总体上来说应当是‘国家调节市场，市场引导企业’的机制”。

1990 年 7 月 5 日，中央政治局常委邀集一些经济学家座谈经济形势和对策。1990 年 12 月，邓小平在同中央几位负责同志谈话中，十分郑重地指出：“我们必须从理论上搞懂，资本主义与社会主义的区分不在于是计划还是市场这样的问题。社会主义也有市场经济，资本主义也有计划控制。资本主义就没有控制，就那么自由？最惠国待遇也是控制嘛！不要以为搞点市场经济就是资本主义道路，没有那么回事。计划和市场都得要。不搞市场，连世界上的信息都不知道，是自甘落后。”1991 年 1 月，邓小平在同上海市委负责人谈话时又一次强调指出："不要以为，一说计划经济就是社会主义，一说市场经济就是资本主义，不是那么回事，两者都是手段，市场也可以为社会主义服务。"

特别是 1992 年年初邓小平的南方谈话向人们阐述了社会主义的本质以及改革开放中的一系列重大问题。

"革命是解放生产力，改革也是解放生产力。""过去，只讲在社会主义条件下发展生产力，没有讲还要通过改革解放生产力，不完全。应该把解放生产力和发展生产力两个讲全了。""改革开放迈不开步子，不敢闯，说来说去就是怕资本主义的东西多了，走了资本主义道路。要害是姓'资'还是姓'社'的问题。判断的标准，应该主要看是否有利于发展社会主义社会的生产力，是否有利于增强社会主义国家的综合国力，是否有利于提高人民的生活水平。对办特区，从一开始就有不同意见，担心是不是搞资本主义。深圳的建设成就，明确回答了那些有这样那样担心的人。特区姓

‘社’不姓‘资’。”“有的人认为，多一分外资，就多一分资本主义，‘三资’企业多了，就是资本主义的东西多了，就是发展了资本主义。这些人连基本常识都没有。我国现阶段的‘三资’企业，按照现行的法规政策，外商总是要赚一些钱。但是，国家还要拿回税收，工人还要拿回工资，我们还可以学习技术和管理，还可以得到信息、打开市场。因此，‘三资’企业受到我国整个政治、经济条件的制约，是社会主义经济的有益补充，归根到底是有利于社会主义的。”“计划多一点还是市场多一点，不是社会主义与资本主义的本质区别。计划经济不等于社会主义，资本主义也有计划；市场经济不等于资本主义，社会主义也有市场。计划和市场都是经济手段。社会主义的本质，是解放生产力，发展生产力，消灭剥削，消除两极分化，最终达到共同富裕。就是要对大家讲这个道理。证券、股市，这些东西究竟好不好，有没有危险，是不是资本主义独有的东西，社会主义能不能用？允许看，但要坚决地试。看对了，搞一两年对了，放开；错了，纠正，关了就是了。关，也可以快关，也可以慢关，也可以留一点尾巴。怕什么，坚持这种态度就不要紧，就不会犯大错误。总之，社会主义要赢得与资本主义相比较的优势，就必须大胆吸收和借鉴人类社会创造的一切文明成果，吸收和借鉴当今世界各国包括资本主义发达国家的一切反映现代社会化生产规律的先进经营方式、管理方法。”

邓小平的讲话，从根本上纠正了过去片面地强调生产资料所有制关系，而无视生产力发展水平，以此来区分姓“社”姓“资”的观点。因而，也就彻底解开了姓“社”姓“资”的死结，中国特色社会主义在社会主义市场经济的取向上迈出了关键性的一步。

3. 采取渐进的方式，稳步推进改革

“文化大革命”结束后，我国农村还有2.5亿贫困人口，人民公社体制严重束缚着农村生产力的发展。为摆脱窘迫局面，一些农民自发

地分田到户，改革悄然从农村开始突破。

1977 年 11 月，安徽省委制定了《关于当前农村经济政策几个问题的规定》，规定生产队可以实行定任务、定产量、定工分的生产责任制，只需个别人完成的农活可以责任到人。这一措施，受到农民的广泛欢迎。在安徽的肥西县和凤阳县，就有一些社队悄悄地把土地分给农民，搞起了包产到户。这里最著名的就是安徽凤阳的小岗村。

1978 年秋，凤阳遭遇特大旱灾，粮食歉收，正当大家又准备出门讨饭的时候，11 月底的一个夜晚，生产队干部召集全村人开会讨论生产问题。最后，他们作出了一个大胆决定：包产到户！昏黄的灯光下，18 位农民神情严峻地立下"生死状"，在一张秘密契约上一一捺上了鲜红的手印。会议一结束，他们连夜将牲畜、农具和耕地按人头包到了户，拉开了中国农村波澜壮阔的改革序幕。

小岗实行"大包干"，一年就大变样：1979 年秋收，小岗村的粮食总产由 1978 年的

1.8万公斤猛增到6.6万公斤，人均收入由上年的22元跃升为400元，震惊四邻。这一变化不仅结束了小岗村20多年吃“救济粮”的历史，而且上缴国家粮食3200多公斤。小岗的成功使周边群众纷纷仿效，“大包干”如星星之火开始燎原。党和国家领导人曾先后视察小岗，并对小岗村作出了高度的评价和肯定。从此，中国农村开始了由“人民公社”到“家庭联产承包责任制”的历史性变革。

包产到组和包产到户，调动了农民的积极性，粮食产量明显增加。但是，也有人提出异议。关键时刻，邓小平说，不要争论，就这么干下去就行了，实事求是干下去。

1980年9月，党中央召开的各省（区、市）党委第一书记座谈会，以会议纪要的形式肯定了包产到户。随后，从1982年开始，党中央连续5年发出中央一号文件，把以家庭联产承包为主的责任制推向全国。从此，农村改革大潮势不可挡，广大农村出现了生机盎然的局面。

家庭联产承包责任制的实行，必然冲击到在“大跃进”运动中兴起的人民公社体制。1980年6月18日，四川省广汉县率先把“向阳人民公社管理委员会”的牌子换成了“向阳乡人民政府”的牌子。随后，1983年1月1日，中央颁发的农村工作一号文件，要求对实行20多年的人民公社体制进行改革，实行政社分开，撤社建乡。人民公社逐渐退出了历史舞台。

农村改革发展的伟大实践，为其他领域的改革进行了创造性探索。在农村改革悄然兴起的同时，城市改革也开始起步。

1978年召开的国务院务虚会，提出了改革企业管理，适当扩大企业自主权的要求。这年10月，重庆钢铁公司、四川省宁江机床厂等6家国有企业在全国率先开始“扩大企业自主权”试点。第二年，首都钢铁公司等8家大型国有企业也开始试点。从1981年起，扩大企业自主权的工作，在国营工业企业中全面推广。

对外开放，这时也取得重大突破。1979年1月6日，广东省和交通部联合向中央提交报告，提出由交通部驻香港招商局在广东宝安建立工业区的设想。当年4月，广东省委第一书记习仲勋到北京参加中央工作会议。他在发言中希望中央能根据广东紧靠港澳、华侨众多的特点，给予特殊政策，在深圳、珠海、汕头建立出口加工区。这一设想得到了邓小平的大力支持。

经过党中央、国务院的反复酝酿和筹备，1979年7月20日，广东蛇口开始兴建码头。中国经济特区的发轫地——占地2.14平方千米的蛇口工业区诞生了。1980年8月，五届全国人大常委会第15次会议审议批准了《广东省经济特区条例》。时任国家进出口管理委员会副主任的江泽民，受国务院的委托，向会议作了关于在广东、福建两省设立经济特区和《广东省经济特区条例》的说明。从此，中国的"经济特区"以国家立法的形式正式诞生。

深圳、珠海、汕头和厦门四个经济特区发

挥了对外开放的窗口作用，给国人带来了新的气象和新的感受。

物质文明建设取得成就的同时，我党并没有忽视精神文明建设。发展社会主义民主，必须逐步健全社会主义法制。1979 年 2 月，全国人大常委会成立法制工作委员会。很快，一批包括《刑法》、《刑事诉讼法》和《选举法》在内的 7 部法律相继拟定，并在五届全国人大二次会议通过。这些法律的制定和实施，迈出了加强和健全社会主义法制的一大步。

在这一时期，党的建设也有了新的重要举措。继十一届三中全会决定恢复设立中央纪律检查委员会后，1980 年 2 月，党的十一届五中全会决定重新设立中央书记处。全会还讨论通过了《关于党内政治生活的若干准则》，强调集体领导，强调党员权利，发扬党内民主。

从十一届三中全会到十二大，中国共产党开辟了一条改革开放和社会主义发展的新路。1992 年举行的中共十四大，接受了邓小平的建议，把建立社会主义市场经济确定为中国经济体制改革的目标，中国特色社会主义道路的完整框架至此基本形成。

（三）以江泽民同志为核心的党的第三代领导集体成功把中国特色社会主义推向二十一世纪

党的十八大报告指出："以江泽民同志为核心的党的第三代中央领导集体带领全党全国各族人民坚持党的基本理论、基本路线，在国内外形势十分复杂、世界社会主义出现严重曲折的严峻考验面前捍卫了中国特色社会主义，依据新的实践确立了党的基本纲领、基本经验，确立了社会主义市场经济体制的改革目标和基本框架，确立了社会主义初级阶段的基本经济制度和分配制度，开创全面改革开放新局面，推进党的建设新的伟大工程，成功把中国特色社会主义推向二十一世纪。"

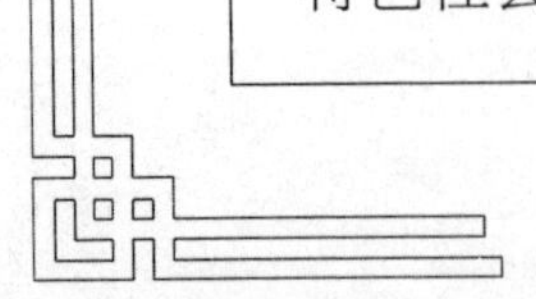

从党的十三届四中全会到党的十六大的13年，是国际国内环境都发生了剧烈的变化：从国际来看，新科技革命高速发展，世界进入到信息化时代；冷战结束，国际共产主义运动陷入低潮；世界政治多极化、经济全球化不断加强。从国内来看，改革开放10年来，社会经济成分、组织形式、利益格局等都发生了巨大的变化。以江泽民为核心的党的第三代中央领导集体，坚持党的实事求是的思想路线，与时俱进、开拓创新，成功战胜了这些前所未有的巨大挑战，把中国特色社会主义事业推进到一个新的历史阶段，开辟了马克思主义理论发展的新境界。

1. 在复杂的国内外形势中坚持中国特色社会主义方向不动摇

20世纪80年代末90年代初，国际共产主义运动出现严重曲折。传统的社会主义模式逐步丧失活力，许多社会主义国家在探索新的发展道路时陷入迷途，西方国家借机加紧了“和平演变”的攻势。在这种情况下，许多国家的共产党改旗易帜，东欧的 8 个社会主义国家发生了剧烈变动。特别是苏联解体，执政了 70 多年的苏共失去了政权，苏联解体。在国际大气候的作用下，我国国内资产阶级自由化的思潮也比较活跃，西方国家纷纷宣布制裁中国，我国面临着空前的国际压力。当时，国际上各种政治势力掀起的反华声浪甚嚣尘上，西方社会期待中国成为下一张倒下的多米诺骨牌。在国内，关于中国改革方向的争论日趋激烈。党内党外出现了要不要坚持社会主义、坚持什么样的社会主义、中国特色社会主义道路如何继续走下去等诸多疑虑。

在关系党和国家前途命运的重大历史关头，江泽民发表了大量重要论述，全面阐述党的基本路线，正本清源、解疑释惑，对于全党全国人民统一思想、凝聚意志，坚持和探索一条社会主义改革的成功之路，发挥了重要作用。

1989 年 6 月，在党的十三届四中全会上，江泽民当选为中共中央总书记。他在会上明确指出，对于邓小平领导全党制定的党的基本路线，要“坚定不移，毫不动摇”，“全面执行，一以贯之”。

为了坚定走中国特色社会主义道路的信心，江泽民指出：“中国的社会主义既不是苏联模式，也不是东欧模式，而是有中国特色的社会主义。走这条道路，是中国人民经过一百多年的奋斗与探索作出的历史性的抉择。”“我们的国家繁荣昌盛了，就会为世界社会主义事业增添光彩。”

为了厘清对改革开放基本政策的认识，江泽民特别指出：“要划清两种改革开放观，即坚持四项基本原则的改革开放，同资产阶级自由化主张的实质上是资本主义化的‘改革开放’的根本界限。”

这一时期，党的第三代领导集体还就党的性质、人民代表大会制度、多党合作和政治协商制度、统一战线、军队建设、新闻工作和宣传工作等问题发表了许多重要讲话，进一步明确了党和国家必须坚守的核心阵地，捍卫了社会主义中国的国体、政体和基本制度，捍卫了中国共产党的性质、宗旨和指导思想。

2. 逐步形成了党的基本理论、基本路线、基本纲领和基本经验

以江泽民为核心的党的第三代中央领导集体，根据中国特色社会主义新的实践，不断推进理论创新，与时俱进，总结并提炼出了党建设中国特色社会主义的基本理论、基本路线、基本纲领和基本经验。

基本理论。以邓小平同志为核心的第二代中央领导集体，在开辟中国特色社会主义的道路的同时，形成了建设有中国特色社会主义理论。在党的十四大上对这一理论的内容作了概括。十五大正式命名为“邓小平理论”，并被写进《党章》上升为党的指导思想。十三届四中全会以来，以江泽民同志为核心的第三代中央领导集体，高举邓小平理论伟大旗帜，继续开创中国特色社会主义事业新局面，在新的实践经验基础上提出了“三个代表”重要思想。在邓小平理论的基础上，进一步回答了什么是社会主义、怎样建设社会主义的问题，创造性地回答了建设什么样的党、怎样建设党的问题，从而深化了对中国特色社会主义的认识。党的十六大把“三个代表”重要思想同马克思列宁主义、毛泽东思想、邓小平理论一道确立为党必须长期坚持的指导思想，这是一个历史性的决策。在当代中国，邓小平理论和“三个代表”重要思想，更直接地解决了社会主义的前途和命运问题。马克思列宁主义、毛泽东思想、邓小平理论和“三个代表”重要思想，就是我们党在社会主义初级阶段的基本理论。

基本路线。十三大正式提出党在社会主义初级阶段的基本路线，这就是：领导和团结全国各族人民，以经济建设为中心，坚持四项基本原则，坚持改革开放，自力更生，艰苦创业，为把我国建设成为富强、民主、文明的社会主义现代化国家而奋斗。其核心是“一个中心”、“两个基本点”。1992 年，邓小平在南方谈话中强调基本路线要管一百年，动摇不得。在党的十五大上，江泽民强调："在把我们的事业全面推向二十一世纪的历史时刻，必须郑重指出：全党要毫不动摇地坚持党在社会主义初级阶段的基本路线，把以经济建设为中心同四项基本原则、改革开放这两个基本点统一于建设有中国特色社会主义的伟大实践。"邓小平提出的"发展才是硬道理"也被上升到"发展是党执政兴国的第一要务"的高度。

基本纲领。在党的"十五大"上，江泽民根据邓小平理论和党的基本路线，围绕建设富强、民主、文明的社会主义现代化国家的目标，从我国社会主义初级阶段的实际出发，逐步清晰了建设中国特色社会主义的经济纲领、政治纲领和文化纲领。

建设有中国特色社会主义的经济，就是在社会主义条件下发展市场经济，不断解放和发展生产力。这就要坚持和完善社会主义公有制为主体、多种所有制经济共同发展的基本经济制度；坚持和完善社会主义市场经济体制，使市场在国家宏观调控下对资源配置起基础性作用；坚持和完善按劳分配为主体的多种分配方式，允许一部分地区一部分人先富起来，带动和帮助后富，逐步走向共同富裕；坚持和完善对外开放，积极参与国际经济合作和竞争。保证国民经济快速健康发展，人民共享经济繁荣成果。

建设有中国特色社会主义的政治，就是在中国共产党领导下，在人民当家做主的基础上，依法治国，发展社会主义民主政治。这就要坚持和完善工人阶级领导的以工农联盟为基础的人民民主专政；坚持和完善人民代表大会制度和共产党领导的多党合作政治协商制度以及民族区域自制制度；发展民主，健全法制，建设社会主义法制国家。实现社会安定，政府廉洁高效，全国各族人民团结和睦生动活泼的政治局面。

建设有中国特色社会主义的文化，就是以马克思主义为指导，以培育有理想、有道德、有文化、有纪律的公民为目标，发展面向现代化、面向世界、面向未来的，民族的科学的大众的社会主义文化。这就要坚持用邓小平理论武装全党，教育人民；努力提高全民族的思想道德素质和教育科学文化水平；坚持为人民服务、为社会主义服务的方向和百花齐放、百家争鸣的方针，重在建设，繁荣学术和文艺。建设立足中国现实、继承历史文化优秀传统、吸取外国文化有益成果的社会主义精神文明。建设中国特色社会主义和政治、经济、文化三者是有机统一，不可分割的整体，社会主义社会是全面发展的社会，三个建设之间是相互联系，相互促进的。

基本经验。十三届四中全会以来，党的第三代领导集体在极度复杂的国际、国内环境下，经受住了各种困难和风险的考验，使我们党在理论和实践上都更加成熟起来。进一步加深了对什么是社会主义、怎样建设社会主义和建设什么样的党、怎样建设党的认识，积累了十分宝贵的经验。十六大集中概括以下十条基本经验。主要是：（一）坚持以邓小平理论为指导，不断推进理论创新。（二）坚持以经济建设为中心，用发展的办法解决前进中的问题。（三）坚持改革开放，不断完善社会主义市场经济体制。（四）坚持四项基本原则，发展社会主义民主。（五）坚持物质文明和精神文明两手抓，实行依法治国和以德治国相结合。（六）坚持稳定压倒一切的方针，正确处理改革发展稳定的关系。（七）坚持党对军队的绝对领导，走中国特色的精兵之路。（八）坚持团结一切可以团结的力量，不断增强中华民族的凝聚力。（九）坚持独立自主的和平外交政策，维护世界和平与促进共同发展。（十）坚持加强和改善党的领导，全面推进党的建设新的伟大工程。“十个坚持”内涵十分丰富，思想非常深刻，是改革开放以来党的基本经验的继承、深化、丰富和发展，也是新中国成立以来党的基本经验的继承、深化、丰富和发展，集中体现了我们党领导人民在建设中国特色社会主义实践中形成的重大认识和重大方针。

3. 坚持与时俱进的理论创新，提出“三个代表”重要思想

以江泽民为核心的党中央第三代领导集体，基于对国内外形势、党肩负的任务、党自身建设实际的清醒认识，在科学判断党的历史方位的基础上，提出了“三个代表”重要思想。

“三个代表”重要思想是马克思列宁主义、毛泽东思想和邓小平理论的继承和发展，它在邓小平理论的基础上，进一步回答了什么是社会主义、怎样建设社会主义的问题，创造性地回答了建设什么样的党、怎样建设党的问题，集中起来就是深化了对中国特色社会主义的认识。因此，党的十六大把它和马列主义、毛泽东思想、邓小平理论一起，确立为党的指导思想，并写入党章。同时，“三个代表”重要思想也成了中国特色社会主义理论的重要组成部分。

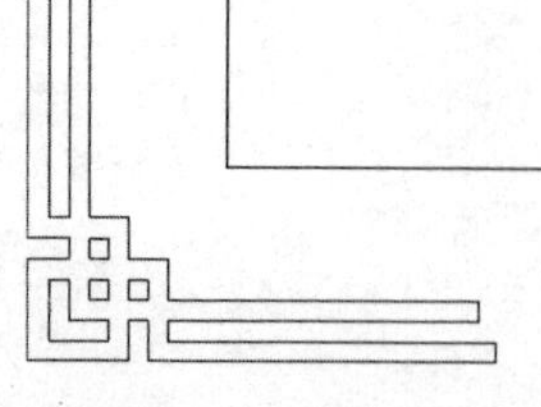

4. 丰富和拓展了中国特色社会主义道路

明确了中国经济体制改变的目标是建立社会主义市场经济体制。改革开放以来，邓小平曾指出社会主义可以搞市场经济，这为我国实行社会主义市场经济体制奠定了理论基础。1992 年 6 月，江泽民在中央党校省部级干部进修班发表的讲话中，第一次提出了“建立社会主义市场经济体制”的想法。同年 10 月，党的十四大正式确定我国经济体制改革的目标是建立社会主义市场经济体制，彻底解决了社会主义实践中长期未能解决好的计划和市场的关系问题，实现了社会主义发展史上经济理论上的重大突破。

提出政治文明，丰富了中国特色社会主义建设总布局。首先，指明了我国社会主义民主政治建设的方向。那就是在中国共产党的领导下，在人民当家做主的基础上，依法治国，发展社会主义民主政治。要在坚持人民民主专政和其他基本政治制度的前提下，继续推进政治体制改革，完善社会主义民主制度，健全社会主义法制，建设社会主义法治国家。其次，明确了我国政治体制改革的主要任务。是推进社会主义政治制度的自我完善和发展，增强党和国家的活力，发挥社会主义制度的特点和优势，充分调动人民群众的积极性创造性，维护国家统一、民族团结和社会稳定，促进经济发展和社会全面进步。再次，提出“依法治国”与“以德治国”相结合的治国方略。对于这两种治国方略的关系，江泽民指出：“对一个国家的治理来说，法治和德治，从来都是相辅相成、相互促进的。二者缺一不可，也不可偏废。法治属于政治建设、属于政治文明，德治属于思想建设、属于精神文明。二者范畴不同，但其地位和功能都是非常重要的。我们要把法制建设与道德建设紧密结合起来，把依法治国与以德治国紧密结合起来。”这是我国治国方略的又一次巨大进步，是我国民主法制建设史上一座崭新的里程碑，是中国共产党领导方式和执政方式的重大发展。最后，创造性地提出建设社会主义政治文明的重要思想。在党的十六大报告中，鲜明地提出加强“社会主义政治文明”建设，把社会主义物质文明、政治文明和精神文明的协调发展作为新世纪的奋斗目标，这就把社会主义经济、政治、文化的发展有机地结合起来了。从而把中国特色社会主义建设的总布局从物质文明、精神文明两个文明“两手抓”，丰富到物质文明、精神文明、政治文明三个文明协调发展的阶段。

进一步丰富了实现现代化的战略步骤和战略方针。

第一，制定新“三步走”战略步骤。1997年，党的十五大明确提出在21世纪中叶基本实现现代化的宏伟目标：“展望下个世纪，我们的目标是，第一个十年实现国民生产总值比2000年翻一番，使人民的小康生活更加宽裕，形成比较完善的社会主义市场经济体制，再经过十年的努力，到建党一百年时，使国民经济更加发展，各项制度更加完善；到世纪中叶建国一百年时，基本实现现代化，建成富强民主文明的社会主义国家。”2002 年，在十六大报告中，江泽民提出了全面建设小康社会的具体目标，并在新三步走战略的基础上，把未来的五十年划分为两个发展阶段，第一个阶段是前 20 年，为全面建设小康社会的阶段，经济社会发展的目标是建成惠及十几亿人口的更高水平的小康社会；第二阶段是后 30 年，经济社会发展的目标是，人均国内生产总值达到中等发达国家的水平，基本实现现代化。党的十六大确立的全面建设小康社会的目标，是对邓小平“三步走”的第三步目标的具体展开，丰富了第三步目标的内容。

第二，正确处理经济发展同人口、资源、环境的关系，重视我们国家现代化进程的可持续发展问题。党的第三代中央领导集体在制定国民经济和社会发展“九五”计划以及 2010 年远景目标时，将可持续发展确定为我国重大发展战略。1994 年 3 月，国务院在《中国 21 世纪议程》中确定了可持续发展战略。1995 年 9 月，江泽民再次强调：“在现代化建设中，必须把实现可持续发展作为一项重大战略。要把控制人口、节约资源、保护环境放到重要位置，使人口增长与社会生产力发展相适应，使经济建设与资源、环境相协调，实现良性循环。”1997 年，党的十五大强调：“我国是人口众多，资源相对不足的国家，在现代化建设中必须实施可持续发展战略。坚持计划生育和保护环境的基本国策，正确处理经济发展同人口、资源、环境的关系。”2002 年，江泽民在十六大报告中明确指出，全面建设小康社会的目标之一是走可持续发展道路，可持续发展道路是“推动整个社会走上生产发展、生活富裕、生态良好的文明发展道路。”党的第三代中央领导集体提出可持续发展战略，对我国实施这一战略的必要性及如何实施的探讨，显然是中国社会主义现代化思想的又一新的丰富和发展。

第三，重视科技进步和劳动者素质的提高，通过实施科教兴国和人才强国战略，推进中国社会主义现代化。邓小平提出科学技术是第一生产力，党的第三代中央领导集体根据邓小平的重要论断，制定了科教兴国战略。1995年5月，国务院作出的《关于加速科学技术进步的决定》，首次提出“科教兴国战略”。1997年，党的十五大报告全面清楚地阐述了科教兴国的主要内容。在实施科教兴国战略过程中，江泽民把科技创新提到了十分重要的地位，提出创新是民族进步的灵魂，是国家兴旺发达的不竭动力，要依靠科技创新实现社会生产力发展的跨越。科技创新的关键在人才，人才的成长靠教育，要努力提高我国的教育水平，紧紧抓住培养人才、吸引人才、用好人才三个环节，大力实施人才强国战略，努力建设一支宏大的富有创新能力的高素质人才队伍。

第四，提出西部大开发、振兴东北等老工业基地等战略，在推进中国的现代化进程中注重区域经济的协调发展。随着改革开放的不断加快，城乡之间、区域之间，以及个人之间都出现了收入差距加大的问题。如何实现地区之间的协调发展，就成为一个关系全局的重大问题。为解决这个问题，中央采取转移财政支付、优先安排资源开发和基础设施项目、鼓励到中西部地区投资、理顺资源性产品价格体系等措施，支持中西部地区发展。1999 年 6 月，江泽民提出实施“西部大开发战略”。同年 11 月，江泽民再次强调指出：“不失时机地实施西部大开发战略，直接关系到扩大内需、促进经济增长，关系到民族团结、社会稳定和边防巩固，关系到东西部协调发展和最终实现共同富裕，具有重要的现实意义和深远的历史意义。”江泽民认为，实施西部大开发和振兴东北等老工业基地对于实现中国现代化具有十分重要的意义，东、西部地区发展应该因地制宜、合理分工、各展所长、优势互补，在共同发展的原则基础上，统筹规划，拓展东西部地区经济一体化的广阔空间。

总之，党的十三届四中全会以来，以江泽民为主要代表的中国共产党人，在建设中国特色社会主义的伟大实践中，积累了治党治国治军的宝贵经验，在社会主义现代化建设实践中大胆进行了理论创新，提出了一系列相互联系、相互贯通的新思想、新观点、新论断，这些思想推进了中国现代化理论的进一步发展，是推进中国现代化进程的理论指南。

（四）以胡锦涛同志为总书记的党中央在新的历史起点上坚持和发展了中国特色社会主义

党的十八大报告指出：新世纪新阶段，党中央抓住重要战略机遇期，在全面建设小康社会进程中推进实践创新、理论创新、制度创新，强调坚持以人为本、全面协调可持续发展，提出构建社会主义和谐社会、加快生态文明建设，形成中国特色社会主义事业总体布局，着力保障和改善民生，促进社会公平正义，推动建设和谐世界，推进党的执政能力建设和先进性建设，成功在新的历史起点上坚持和发展了中国特色社会主义。

1. 小康社会的目标不断具体和清晰

小康社会是邓小平提出的用于现代化发展战略的一个概念。“所谓小康社会，就是虽不富裕，但日子好过。”为了规划中国现代化发展的蓝图，邓小平设想了著名的现代化发展“三步走”战略。

2002年党的十六大按照“新三步走”战略目标明确提出，本世纪头20年，将集中力量，全面建设惠及十几亿人口的更高水平的、更全面的、发展比较均衡的小康社会，使经济更加发展、民主更加健全、科教更加进步、文化更加繁荣、社会更加和谐、人民生活更加殷实。随着翻两番的目标的提前实现。从新历史起点出发，党的十七大对全面建设小康社会奋斗目标赋予了新内涵。经过十年的奋斗，党的十八大报告明确提出：“根据我国经济社会发展实际，要在十六大、十七大确立的全面建设小康社会目标的基础上努力实现新的要求”。“我们要准确判断重要战略机遇期内涵和条件的变化，全面把握机遇，沉着应对挑战，赢得主动，赢得优势，赢得未来，确保到 2020 年实现全面建成小康社会宏伟目标。”把“建设”改成了“建成”，一字之变，既反映了我们过去所走过的道路，也规定了面向未来的目标和任务，体现了我国发展阶段的重大变化。

2. 和谐社会的提出深化了对社会主义本质的认识

在经济快速发展的同时，我们面临着城乡、区域发展不平衡，就业、社会保障以及环境、资源压力增大等诸多挑战。由此引发的人民内部矛盾、包括群体性事件也开始比较集中地显现出来。为此，我们党在 2004 年 9 月召开的十六届四中全会上明确提出了构建社会主义和谐社会的重大战略任务，强调“要适应我国社会的深刻变化，把和谐社会建设摆在重要位置”。十六届六中全会提出“社会和谐是中国特色社会主义的本质属性”，为和谐社会建设提供了一块重要的理论基石。

在邓小平看来，社会主义的本质包括生产力和生产关系两个方面的因素，其最终价值指向是实现社会全体成员的共同富裕。十三届四中全会后，我们党对社会主义的认识，又继续向前推进，进一步突出了全面发展的思想。在强调促进经济发展的同时，突出强调要实现人的全面发展和社会全面进步。“社会和谐是中国特色社会主义的本质属性”的提出，是我们党结合新的实践，不断深化对社会主义本质认识所取得的重要理论成果。它告诉我们，虽然在社会主义初级阶段，我们仍长期面临着人民日益增长的物质文化需要同落后的社会生产之间这一主要矛盾，而且随着我国改革发展进入关键时期，人民内部矛盾还会出现多发多样的状况，但是，我们有中国共产党的领导和社会主义制度作根本保证，只要坚持把提高效率同促进社会公平结合起来，在解决发展问题的同时，又进一步解决公平正义问题，我们就完全有可能形成全体人民各尽其能、各得其所而又和谐相处的局面。

3. 提出并践行科学发展观，进一步丰富和完善了中国特色社会主义理论体系

经过十六大以来的十年发展，党的十八大把科学发展观同马克思列宁主义、毛泽东思想、邓小平理论、“三个代表”重要思想一道，确立为党必须长期坚持的指导思想，实现了党的指导思想的又一次与时俱进，成了中国特色社会主义理论体系的重要组成部分。

科学发展观的第一要义是发展。必须更加自觉把推动经济社会发展作为第一要义，为坚持和发展中国特色社会主义打下牢固基础。面对中国经济严重落后的实际，邓小平提出“发展才是硬道理”；十三届四中全会之后，以江泽民为核心的党的第三代中央领导集体提出“发展是党执政兴国的第一要务”；进入新世纪新阶段以后，以胡锦涛为总书记的党中央对发展又进行了更深的思考。科学发展观围绕什么是发展、为什么发展和怎样发展等问题，赋予

“发展”更加丰富的内涵。发展是经济、政治、文化、社会和生态文明相互联系、相互促进的过程，发展既包括物质也包括精神，既包括经济也包括社会，既包括人也包括自然，既要看局部和眼前也要看全面、看长远。

科学发展观的核心是以人为本。必须更加自觉把以人为本作为核心立场，不断在实现发展成果由人民共享、促进人的全面发展上取得新成效。“以人为本”体现了我们党全心全意为人民服务的宗旨和立党为公、执政为民的本质要求，符合马克思主义关于人民群众是历史的创作者的观点，强调要切实保障人民群众经济的、政治的和文化的权益，强调人民群众是国家的主人。同时，又体现了社会主义的人道主义和人文关怀，尊重和保护人权，满足人们的发展愿望和多样性的需求等。科学发展观把“以人为本”作为核心，进一步丰富了代表人民群众利益、全心全意为人民服务的内涵，深化了对中国特色社会主义的价值追求的认识。

科学发展观的基本要求是全面、协调、可

持续。必须更加自觉把全面协调可持续作为基本要求，不断开拓生产发展、生活富裕、生态良好的文明发展道路。全面发展，就是要以经济建设为中心，全面推进经济、政治、文化和社会建设，实现经济发展和社会全面进步。协调发展，就是要统筹城乡发展、统筹区域发展、统筹经济社会发展、统筹人与自然和谐发展、统筹国内发展和对外开放，推进生产力和生产关系、经济基础和上层建筑相协调，推进经济、政治、文化和社会建设的各个环节、各个方面相协调。可持续发展，就是要促进人与自然的和谐，实现经济发展和人口、资源、环境相协调，坚持走生产发展、生活富裕、生态良好的文明发展道路，保证一代接一代地永续发展。努力避免和克服传统工业化带来的弊端，以技术创新和制度创新为突破口，走出一条科技含量高、经济效益好、资源消耗低、环境污染少、人力资源优势得到充分发挥的发展新路子。

科学发展观的根本方法是统筹兼顾。必须

更加自觉把统筹兼顾作为根本方法，努力形成全体人民各尽其能、各得其所而又和谐相处的局面。坚持一切从实际出发，正确认识和妥善处理中国特色社会主义事业中的重大关系，统筹改革发展稳定、内政外交国防、治党治国治军各方面工作，统筹城乡发展、区域发展、经济社会发展、人与自然和谐发展、国内发展和对外开放，统筹各方面利益关系，充分调动各方面积极性，努力形成全体人民各尽其能、各得其所而又和谐相处的局面。

解放思想、实事求是、与时俱进、求真务实，是科学发展观最鲜明的精神实质。

4. 丰富和发展了中国特色社会主义总体布局

在中国特色社会主义建设中，我们党紧密结合当代中国和世界发展实际，对中国特色社会主义建设的重点及目标进行战略谋划和部署，逐步形成了中国特色社会主义的总体布局。党的十六大提出的是物质文明、精神文明、政治文明“三个文明”协调发展；随着建设社会主义和谐社会的提出，在党的十七大上，中国特色社会主义的总体布局进一步丰富为经济建设、政治建设、文化建设和社会建设“四位一体”的协调发展；最终在党的十八大报告继续完善为经济建设、政治建设、文化建设、社会建设、生态文明建设“五位一体”。

5. 对推动经济可持续协调发展的途径做了新的表述

胡锦涛在十八大报告中指出：“坚持走中国特色新型工业化、信息化、城镇化、农业现代化道路”，“促进工业化、信息化、城镇化、农业现代化同步发展”。关于推动经济可持续协调发展途径的表述发生了重大变化。去掉了过去的“市场化、国际化”，增加了农业现代化。这是我们党总结本国社会主义市场经济建设中的经验，汲取一些发展中国家特别是拉美国家在经济发展中由于忽视社会公正而导致两极分化和社会动荡的教训，对推动经济可持续协调发展、实现现代化的途径做出的重大调

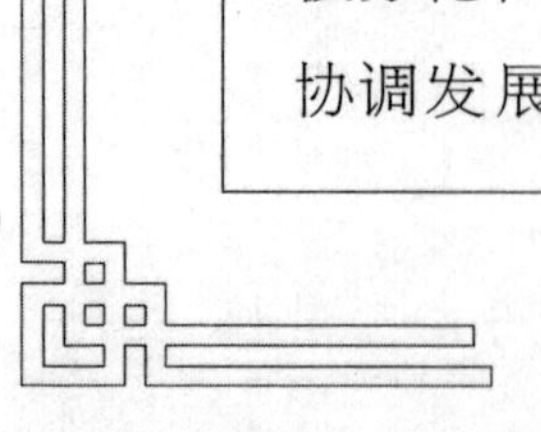

整。这表明经过几年的实践，我们党对如何推动经济可持续协调发展的认识更深刻、更科学了。

6. 拓展了中国特色社会主义政治发展道路和政治体制改革路径

党的十八大报告指出，要坚持走中国特色社会主义政治发展道路和推进政治体制改革。在政治体制改革的路径选择上，除了支持和保证人民通过人民代表大会行使国家权力、完善基层民主制度、推进依法治国、深化行政体制改革、建立健全权力运行制约和监督体系、巩固和发展最广泛的爱国统一战线外，第一次提出“要健全社会主义协商民主制度”。这是与我国国情和民主政治发展阶段相适应的，是中国特色社会主义政治发展道路和政治体制改革路径的新拓展。政治体制改革必须把顶层设计与基层创新相结合。目前与构建和谐社会的要求相适应，我们应逐步完善协商民主制度和工作机制，推进协商民主广泛、多层、制度化发展。通过国家政权机关、政协组织、党派团体等渠道，就经济社会发展重大问题和涉及群众切身利益的实际问题广泛协商，广纳群言、广集民智，增进共识、增强合力，只有这样才能充分调动一切积极因素，推进社会主义民主政治和中国特色社会主义事业健康发展。

7. 不断推进党的建设新的伟大工程

中国共产党是中国特色社会主义事业的领导核心，因此应不断加强党的建设。

首先是对党的建设主线进行了新的概括。通过分析世情、国情、党情新变化给党的建设带来的新挑战，对党的建设主线进行了新的概括，指出要“牢牢把握加强党的执政能力建设、先进性和纯洁性建设这条主线”，在党的建设主线中增加了“纯洁性”要求。在发展社会主义市场经济的新形势下，为了抵御剥削阶级腐朽思想的侵蚀，必须加强党的纯洁性建设。执政能力建设、先进性和纯洁性建设在党的建设中的主线地位不是主观赋予的，是执政

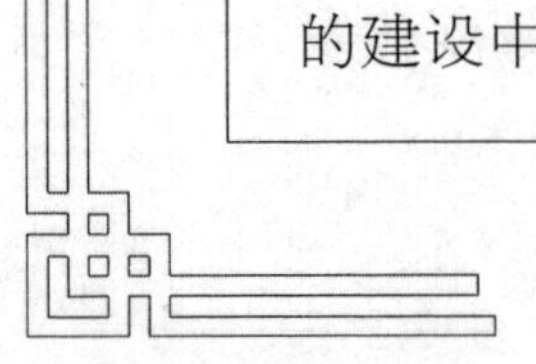

能力建设、先进性和纯洁性建设自身的价值、作用、意义、影响所决定的。作为一个执政党，当前，我们党要着力解决的根本问题是执好政、长期执政问题，党的各方面建设都必须围绕提高党的执政能力来进行，做到“立党为公，执政为民”，“权为民所用，利为民所谋，情为民所系”，以此巩固党的执政地位、完成党的执政使命。

其次是对党的建设目标做了新的定位。党的十八大报告着眼于以改革创新精神全面推进党的建设新的伟大工程，全面提高党的建设科学化水平，对党的建设目标进行了新定位。提出“增强自我净化、自我完善、自我革新、自我提高能力，建设学习型、服务型、创新型的马克思主义执政党，确保党始终成为中国特色社会主义事业的坚强领导核心”。

建设学习型、服务型、创新型的马克思主义执政党，是党始终走在时代前列、引领中国发展进步的重要基础。在世界格局多极化、经济全球化、科技革命日新月异，社会主义市场经济深入发展的新形势下，我们在面临“黄金发展期”的同时，也面临“矛盾凸显期”。这一时期改革、发展、稳定的任务极为艰巨。要想确保党始终成为中国特色社会主义事业的领导核心，只有把党建设成学习型、服务型、创新型的马克思主义执政党。

建设服务型马克思主义执政党，体现了我们党的历史方位变化以后，执政理念、执政方式的重大变化。我们建设社会主义市场经济要转变政府的职能，建设服务型政府；要实现政企分开、政资分开、政府与中介组织分开，把经济建设型政府转变为服务型政府。我们党是执政党，党是社会的引领者，所以首先必须实现自身执政方式的转变；也就是说，由领导转变为服务。建设服务型政党，体现了我们党的与时俱进和时代特色。

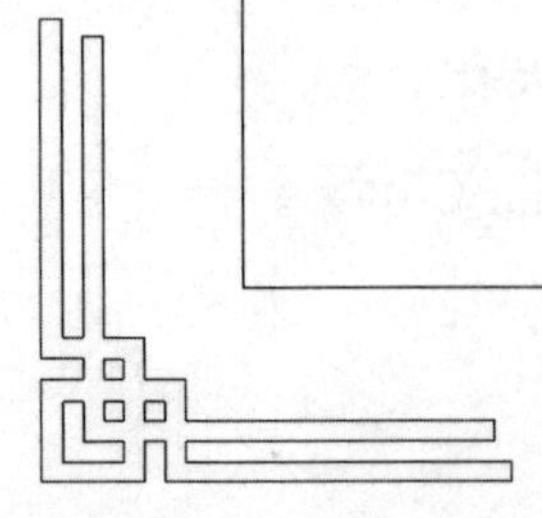

二、中国特色社会主义的表现形式

党的十八大报告中，对中国特色社会主义的三种表现形式做了详细的阐述，那就是中国特色社会主义道路、中国特色社会主义理论体系、中国特色社会主义制度。从三者的关系来看，“中国特色社会主义道路是实现途径，中国特色社会主义理论体系是行动指南，中国特色社会主义制度是根本保障，三者统一于中国特色社会主义伟大实践，这是党领导人民在建设社会主义长期实践中形成的最鲜明特色”。

（一）中国特色社会主义道路

所谓中国特色社会主义道路，就是在中国共产党领导下，立足基本国情，以经济建设为中心，坚持四项基本原则，坚持改革开放，解放和发展社会生产力，建设社会主义市场经济、社会主义民主政治、社会主义先进文化、社会主义和谐社会、社会主义生态文明，促进人的全面发展，逐步实现全体人民共同富裕，建设富强民主文明和谐的社会主义现代化国家。

这条路的核心是坚持“一个中心”“两个基本点”的基本路线。走中国特色社会主义道路是由我们当前的具体国情决定的。马克思主义哲学告诉我们，社会存在决定社会意识形态。我们之所以要坚持走中国特色社会主义道路，总依据是我们还处在社会主义初级阶段上。三个基本的情况还没有变：社会主义初级阶段的基本国情没有变、人民群众日益增长的物质和文化需求与落后的社会生产力这个主要的社会矛盾没有变、还是世界上最大发展中国家的国际地位没有变。这三个没有变决定我们必须坚定地在中国特色的社会主义道路上走下去。

这条路是我们几代共产党人带领全国各族人民接力探索、不断丰富的结果，所以我们要倍加珍惜。首先是以毛泽东为核心的第一代中国共产党人，把马克思主义同中国革命的具体实际相结合，诞生了毛泽东思想，找到了一条农村包围城市，武装夺取政权的中国式的革命道路，取得了新民主主义革命的胜利。又通过对农业、手工业和资本主义工商业的社会主义改造，确立了社会主义基本制度。但是正如邓小平后来说的，对于什么是社会主义，怎么建设社会主义，我们还不是很清楚，所以走了一段弯路。直到十一届三中全会以后我们才改革开放，走上了中国特色的社会主义道路。邓小平在党的十二大报告的开幕词中提出“走自己的路，建设有中国特色的社会主义”，此后，在党的十三大、十四大、十五大、十六大、十七大，一直到今天的十八大，中国特色社会主义的大旗始终被一代代中国共产党人高举着，并且丰富和完善着。邓小平提出“发展才是硬道理”，要物质文明、精神文明“两手抓，两手都要硬”；以江泽民为核心的第三代中央领导集体提出“发展是党执政兴国的第一要务”，把“发展”上升为党执政兴国的“第一要务”的高度，并且提出要实现物质文明、精神文明、政治文明三个文明协调发展；进入新世纪新阶段，以胡锦涛为总书记的党中央继续坚持发展是党执政兴国的第一要务，贯彻落实科学发展观，坚持经济建设、政治建设、文化建设、社会建设四位一体的协调发展；在党的十八大报告中，又全面阐述科学发展观，并且把原来的四位一体的总布局完善到五位一体：“建设社会主义市场经济、社会主义民主政治、社会主义先进文化、社会主义和谐社会、社会主义生态文明，促进人的全面发展，逐步实现全体人民共同富裕，建设富强民主文明和谐的社会主义现代化国家。”这说明经过 30 多年的实践检验和不断探索，中国特色的社会主义在中国大地日渐丰满成熟。

这条路被实践证明是最有利于中国发展的康庄大道。以经济实力为例，1978 年，我国经济总量只有 3645 亿元，此后不断攀升。2001 年，超过意大利居世界第六位。2005 年，超过法国居世界第五位。2006 年，超过英国居世界第四位。2007 年，超过德国居世界第三位。2010 年，超过日本居世界第二位。同时我国的国际地位不断上升，国际影响力不断增强，在国际事务中承担着越来越重要的角色。正如胡锦涛总书记在报告中所讲的“只要我们胸怀理想、坚定信念，不动摇、不懈怠、不折腾，顽强奋斗、艰苦奋斗、不懈奋斗，就一定能在中国共产党成立一百年时全面建成小康社会，就一定能在新中国成立一百年时建成富强民主文明和谐的社会主义现代化国家。全党要坚定这样的道路自信、理论自信、制度自信”！

（二）中国特色社会主义理论体系

所谓中国特色社会主义理论体系，就是包括邓小平理论、“三个代表”重要思想、科学发展观在内的科学理论体系，是对马克思列宁主义、毛泽东思想的坚持和发展。同马克思列宁主义、毛泽东思想是一脉相承的关系。

邓小平理论是马克思主义中国化的成果，是马克思主义在中国发展的新阶段。这个理论之所以能够成为马克思主义在中国发展的新阶段，是因为：第一，邓小平理论坚持解放思想、实事求是，在新的实践基础上继承前人又突破陈规，开拓了马克思主义的新境界。第二，邓小平理论坚持科学社会主义理论和实践的基本成果，抓住“什么是社会主义，怎样建设社会主义”这个根本问题，深刻地揭示社会主义的本质，把对社会主义的认识提高到新的科学水平。第三，邓小平理论坚持用马克思主义的宽广眼界观察世界，对当今时代特征和总体国际形势，对世界上其他社会主义国家的成败，发展中国家谋求发展的得失，发达国家发展的态势和矛盾，进行正确分析，做出了新的科学判断。第四，总体来说，邓小平理论形成了新的建设有中国特色社会主义理论的科学体系。

邓小平理论的精髓是解放思想，实事求是。

邓小平理论第一次比较系统地初步回答了中国社会主义的发展道路、发展阶段、根本任务、发展动力、外部条件、政治保证、战略步骤、党的领导和依靠力量以及祖国统一等一系列基本问题，指导我们党制定了在社会主义初级阶段的基本路线。

邓小平理论的主要内容是：①在社会主义的发展道路问题上，强调走自己的路，不把书本当教条，不照搬外国模式，以马克思主义为指导，以实践作为检验真理的唯一标准，解放思想，实事求是，尊重群众的首创精神，建设有中国特色的社会主义。②在社会主义的发展阶段问题上，做出了我国还处在社会主义初级阶段的科学论断，强调这是一个至少上百年的很长的历史阶段，制定一切方针政策都必须以这个基本国情为依据，不能脱离实际，超越阶段。③在社会主义的根本任务问题上，指出社会主义的本质是解放生产力，发展生产力，消灭剥削，消除两极分化，最终达到共同富裕。判断改革和各方面工作的是非得失，归根到底，要以是否有利于发展社会主义社会的生产力，是否有利于增强社会主义国家的综合国力，是否有利于提高人民的生活水平为标准。科学技术是第一生产力，经济建设必须依靠科技进步和劳动者素质的提高。④在社会主义的发展动力问题上，强调改革也是一场革命，也是解放生产力，是中国现代化的必由之路，僵化停滞是没有出路的。经济体制改革的目标，是在坚持和完善社会主义公有制为主体、多种所有制经济共同发展的基本经济制度，坚持和完善按劳分配为主体、多种分配方式并存的制度的基础上，建立和完善社会主义市场经济体制。政治体制改革的目标，是以完善人民代表大会制度、共产党领导的多党合作和政治协商制度为主要内容，进一步扩大社会主义民主，健全社会主义法制，依法治国，建设社会主义法制国家。同经济、政治的改革和发展相适应，必须着力提高全民族的思想道德素质和科学文化素质，以培育“有理想、有道德、有文化、有纪律”的公民为目标，建设社会主义精神文明。⑤在社会主义建设的外部条件问题上，指出和平与发展是当今世界两大主题，必须坚持独立自主的和平外交政策，为我国现代化建设争取有利的国际环境。强调实行对外开放是改革和建设必不可少的，应当吸收和利用世界各国包括资本主义发达国家所创造的一切先进文明成果来发展社会主义，封闭只能导致落后。⑥在社会主义建设的政治保证问题上，强调坚持社会主义道路、坚持人民民主专政、坚持中国共产党的领导、坚持马克思列宁主义毛泽东思想。这四项基本原则是立国之本，是改革开放和现代化建设健康发展的保证。⑦在社会主义建设的战略步骤问题上，提出“三步走”战略。在现代化建设的长过程中要抓住时机，争取出现若干个发展速度比较快、效益又比较好的阶段，每隔几年上一个台阶。贫穷不是社会主义，可是同步富裕又是不可能的，必须允许和鼓励一部分地区，一部分人先富起来，以带动越来越多的地区和人们逐步达到共同富裕。⑧在社会主义的领导力量和依靠力量问题上，强调作为工人阶级先锋队的共产党是社会主义事业的领导核心，党必须适应改革开放和现代化建设的需要，不断改善和加强对各方面工作的领导，改善和加强自身建设。执政党的党风，党同人民群众的联系，是关系党生死存亡的问题。必须依靠广大工人、农民、知识分子，必须依靠各民族人民的团结，必须依靠全体社会主义劳动者、拥护社会主义的爱国者和拥护祖国统一的爱国者的最广泛的统一战线。党领导的人民军队是社会主义祖国的保卫者和建设社会主义的重要力量。⑨在祖国统一的问题上，提出“一个国家、两种制度”的创造性构想。在一个中国的前提下，国家的主体坚持社会主义制度，香港、澳门、台湾保持原有的资本主义制度长期不变，按照这个原则来推进祖国和平统一大业的完成。

“三个代表”的科学内涵：江泽民在庆祝中国共产党成立 80 周年大会上的讲话中对“三个代表”重要思想的内涵进行了集中概括，那就是“中国共产党必须始终代表中国先进生产力的发展要求，代表中国先进文化的前进方向，代表中国最广大人民的根本利益。”

始终代表中国先进生产力的发展要求，就是党的理论、路线、纲领、方针、政策和各项工作，必须努力符合生产力发展的规律，体现不断推动社会生产力的解放和发展的要求，尤其要体现推动先进生产力发展的要求，通过发展生产力不断提高人民群众的生活水平。

始终代表中国先进文化的前进方向，就是

党的理论、路线、纲领、方针、政策和各项工作，必须努力体现发展面向现代化、面向世界、面向未来的，民族的科学的大众的社会主义文化的要求，促进全民族思想道德素质和科学文化素质的不断提高，为我国经济发展和社会进步提供精神动力和智力支持。

始终代表中国最广大人民的根本利益，就是党的理论、路线、纲领、方针、政策和各项工作，必须坚持把人民的根本利益作为出发点和归宿，充分发挥人民群众的积极性、主动性、创造性，在社会不断发展进步的基础上，使人民群众不断获得切实的经济、政治、文化利益。

“三个代表”重要思想在邓小平理论的基础上，进一步回答了什么是社会主义、怎样建设社会主义的问题，创造性地回答了建设什么样的党、怎样建设党的问题，深化了对中国特色社会主义的认识。具体内容包括以下几个方面：①在中国特色社会主义思想路线问题上，强调：大力弘扬与时俱进的精神，丰富和发展了中国特色社会主义的思想路线。解放思想，实事求是，与时俱进，是马克思主义的精髓。在新的历史条件下，江泽民强调：马克思主义具有与时俱进的理论品质。坚持解放思想，实事求是，与时俱进。必须不断根据实践的要求进行理论创新，不断开拓马克思主义理论发展的新境界。必须以科学的态度对待马克思主义，要把坚持和发展马克思主义统一于建设中国特色社会主义的伟大实践中。②在中国特色社会主义发展道路问题上，全面分析国际国内形势，科学总结我国和其他国家社会主义建设的历史经验，从巩固我们党的执政地位和我国社会主义制度的战略高度，提出了“发展是党执政兴国的第一要务”的著名论断。强调：在中国这样一个经济文化落后的发展中国家进行现代化建设，能否解决好发展问题，直接关系人心向背、事业兴衰；坚持用发展的办法解决前进的问题，是改革开放以来我们的一条重要经验；指出了发展的中心任务，即发展必须坚持以经济建设为中心，解决中国的所有问题，归根结底要靠经济的发展；扩大了发展的内涵，强调发展是全面的发展、可持续的发展，发展包括人的全面发展。③在中国特色社会主义发展阶段和发展战略问题上，提出了全面建设更高水平的小康社会的奋斗目标，深化了邓小平关于分阶段、有步骤地实现现代化的战略思想，丰富了我们党关于社会主义初级阶段的理论。④在中国特色社会主义根本任务问题上，强调：生产力是社会发展的最终决定力量，人类社会的发展，是先进生产力不断取代落后生产力的历史过程。社会主义的根本任务是发展生产力特别是先进生产力。在社会主义初级阶段，始终代表先进生产力的发展要求，大力促进先进生产力的发展，是我们党始终站在前列，保持先进性的根本体现和根本要求。⑤在中国特色社会主义改革问题上，强调：改革是社会主义制度的自我完善和发展，是经济和社会发展的强大动力。改革的根本目的，就是要在各方面都形成与社会主义初级阶段基本国情相适应的比较成熟、比较定型的制度，使生产关系适应生产力的发展，使上层建筑适应经济基础的发展，使中国特色社会主义充满生机和活力。⑥在中国特色社会主义的对外开放问题上，强调：对外开放是一项长期的基本国策。适应经济全球化趋势的发展和我国加入世界经济贸易组织的要求，我们要以更加积极的姿态走向世界，坚持“引进来”和“走出去”相结合，全面提高对外开放水平，在更大范围、更广领域和更高层次上参与国际经济技术合作和竞争，充分利用国际国内两个市场、两种资源，以开放促改革促发展。⑦在中国特色社会主义经济建设方面，强调：我国是发展中的社会主义国家，在经济上要赶上发达国家，就要保持必要的发展速度，但更要注重增长的质量，努力实现发展的速度和结构、质量、效益相统一，保持国民经济持续快速健康发展。提高经济运行的质量和效益，关键是解决结构不合理的问题。把经济发展建立在主要依靠国内市场的基础上，扩大国内需求，是我国经济发展的基本立足点和长期战略方针。面对世界经济科技发展的新趋势，必须走新型工业化道路。⑧在中国特色社会主义政治建设方面，提出：发展社会主义民主政治，建设社会主义政治文明，是社会主义现代化建设的重要目标，必须在坚持四项基本原则的前提下，继续积极稳妥地推进政治体制改革，扩大社会主义民主，健全社会主义法制，建设社会主义法治国家，巩固和发展民主团结、生动活泼、安定和谐的政治局面。⑨在中国特色社会主义文化建设方面，强调：中国特色社会主义文化，是凝聚和激励全国各族人民的重要力量，是综合国力的重要标志。全面建设小康社会，必须牢牢把握先进文化的前进方向，大力发展社会主义文化，建设社会主义精神文明，不断满足人民群众日益增长的精神文化需求，不断丰富人民的精神世界，增强人民的精神力量。⑩国防和军队建设方面，强调：建立巩固的国防是我国现代化建设的战略任务，是维护国家安全统一和全面建设小康社会的重要保障。提出了走中国特色的精兵之路的思想，围绕“打得赢”和

“不变质”这两大历史性课题，提出了军队和国防建设的总体思路和具体要求。⑪在坚持和发展爱国统一战线方面，强调：在新世纪，统一战线作为党的一个重要法宝，绝不能丢掉；作为党的一个政治优势，绝不能削弱；作为党的一项长期方针，绝不能动摇。要坚持和完善共产党领导的多党合作和政治协商制度，巩固和发展社会主义民族关系，巩固和发展党同爱国宗教界的统一战线。要最广泛最充分地调动一切积极因素，不断为中华民族的伟大复兴增添新力量。⑫在实现祖国完全统一方面，强调：完成祖国统一大业是中华民族的根本利益所在。推进祖国统一大业，最终解决台湾问题，要坚持“和平统一、一国两制”的基本方针和推进祖国和平统一进程的八项主张。⑬在外交和国际战略方面，江泽民深刻洞察世界形势发展的总趋势，提出了一系列外交战略思想，丰富了中国特色社会主义外交的理论和实践。⑭在中国特色社会主义执政党建设方面，强调：办好中国的事情，关键取决于我们党；

一定要从新的实际出发，以改革的精神研究和解决党的建设面临的重大理论和现实问题，使党始终保持先进性和纯洁性，充满创造力、凝聚力和战斗力。高度重视和不断加强自身建设，是我们党从小到大，由弱到强，从挫折中奋起、在战胜困难中不断成熟的一大法宝。加强党的建设，必须按照党的政治路线来进行，围绕党的中心任务来展开，朝着党的建设总目标来加强，不断提高党的创造力、凝聚力和战斗力。“三个代表”重要思想紧紧围绕建设一个什么样的党、怎样建设党这个根本问题，明确了推进党的建设新的伟大工程的重点，提出了推进党的建设的总要求。⑮在建设中国特色社会主义的根本目的方面，强调：人民是我们国家的主人，是决定我国前途和命运的根本力量，是历史的真正创造者。建设中国特色社会主义，是我国各族人民为实现自己利益、创造美好生活的共同事业，是亿万人民群众广泛参与的创造性事业。我们全部工作的出发点和落脚点，就是不断实现好维护好发展好最广大人民群众的利益。

科学发展观是马克思主义同当代中国实际和时代特征相结合的产物，是马克思主义关于发展的世界观和方法论的集中体现，对新形势下实现什么样的发展、怎样发展等重大问题作出了新的科学回答，把我们对中国特色社会主义规律的认识提高到新的水平，开辟了当代中国马克思主义发展新境界。科学发展观是中国特色社会主义理论体系最新成果，是中国共产党集体智慧的结晶，是指导党和国家全部工作的强大思想武器。科学发展观同马克思列宁主义、毛泽东思想、邓小平理论、“三个代表”重要思想一道，是党必须长期坚持的指导思想。

主要内容包括四个方面：第一要义是发展，核心是以人为本，基本要求是全面协调可持续，根本方法是统筹兼顾。

科学发展观的第一要义是发展。发展是马克思主义的重要范畴之一，马克思主义最注重发展社会生产力。作为一个社会主义国家的马克思主义执政党，根本任务就是发展社会生产力，发展是硬道理，科学发展更是硬道理。在当代中国，解决所有问题的关键仍然是发展，只有发展了才能从根本上把握人民的愿望，把握社会主义现代化建设的本质，把握我们党执政兴国的关键。这就要求我们全党必须更加自觉地把推动经济社会发展作为深入贯彻落实科学发展观的第一要义，牢牢抓住经济建设这个中心，坚持聚精会神搞建设、一心一意谋发展，着力把握发展规律、创新发展理念、破解发展难题，深入实施科教兴国战略、人才强国战略、可持续发展战略，加快形成符合科学发展观要求的发展方式和发展机制，不断解放和发展社会生产力，不断实现科学发展、和谐发展、和平发展，为坚持和发展中国特色社会主义打下牢固基础。

科学发展观的核心是以人为本。这里的“人”，是指最广大人民群众。就是以工人、农民、知识分子等劳动者为主体，包括社会各阶层在内的最广大人民群众。这里的“本”，就是根本，就是出发点、落脚点。以人为本，就是以最广大人民的根本利益为本。以人为本，体现了马克思主义历史唯物论的基本原理，因为在马克思主义看来人民群众才是历史的创作者。体现了我们党全心全意为人民服务的根本宗旨和我们推动经济社会发展的根本要求，也体现了人类社会的发展规律。所有我们必须更加自觉地把以人为本作为深入贯彻落实科学发展观的核心立场，始终把实现好、维护好最广大人民根本利益作为党和国家一切工作的出发点和落脚点，尊重人民首创精神，保障人民各项权益，不断在实现发展成果由人民共享、促进人的全面发展上取得新成效。

科学发展观的基本要求是全面协调可持续。全面，是指各个方面都发展，是要以经济建设为中心，全面推进经济建设、政治建设、文化建设、社会建设和生态文明建设，实现经济发展和社会全面进步。协调，就是所有发展要素相互促进，良性互动。而不是相互制约。可持续，就是要坚持生产发展、生活富裕、生态良好的文明发展、永续发展，不能吃子孙饭，断子孙路。就是要促进人与自然的和谐，实现经济发展和人口、资源、环境相协调，坚持走生产发展、生活富裕、生态良好的文明发展道路，保证一代接一代地永续发展。

统筹兼顾，协调好各方面利益关系，调动一切积极因素，是党的一条重要经验和长期坚持的战略方针。必须更加自觉地把统筹兼顾作为深入贯彻落实科学发展观的根本方法，坚持一切从实际出发，正确认识和妥善处理中国特色社会主义事业中的重大关系，统筹改革发展稳定、内政外交国防、治党治国治军各方面工作，统筹城乡发展、区域发展、经济社会发展、人与自然和谐发展、国内外发展和对外开放，统筹各方面利益关系，充分调动各方面积极性，努力形成全体人民各尽所能、各得其所又和谐相处的局面。

解放思想、实事求是、与时俱进、求真务实，是科学发展观最鲜明的精神实质。

中国特色社会主义理论体系是一脉相承

的，这里的“脉”就是马克思主义，中国特色社会主义理论是马克思主义与中国特色社会主义具体实践相结合的理论创新。实践发展永无止境，认识真理永无止境，理论创新永无止境。我们党一定要勇于实践、勇于变革、勇于创新，把握时代发展要求，顺应人民共同愿望，不懈探索和把握中国特色社会主义规律，永葆党的生机活力，永葆国家发展动力，在党和人民创造性实践中奋力开拓中国特色社会主义更为广阔的发展前景。

（三）中国特色社会主义制度

所谓中国特色社会主义制度就是人民代表大会制度的根本政治制度，中国共产党领导的多党合作和政治协商制度、民族区域自治制度以及基层群众自治制度等基本政治制度，中国特色社会主义法律体系，公有制为主体、多种所有制经济共同发展的基本经济制度，以及建立在这些制度基础上的经济体制、政治体制、文化体制、社会体制等各项具体制度。

对于道路、理论体系和制度的关系党的十八大报告阐述的很清晰，“中国特色社会主义道路是实现途径，中国特色社会主义理论体系是行动指南，中国特色社会主义制度是根本保障，三者统一于中国特色社会主义伟大实践，这是党领导人民在建设社会主义长期实践中形成的最鲜明特色”。

并且明确指出，“在改革开放三十多年一以贯之的接力探索中，我们坚定不移高举中国特色社会主义伟大旗帜，既不走封闭僵化的老路、也不走改旗易帜的邪路。中国特色社会主义道路，中国特色社会主义理论体系，中国特色社会主义制度，是党和人民九十多年奋斗、创造、积累的根本成就，必须倍加珍惜、始终坚持、不断发展”。

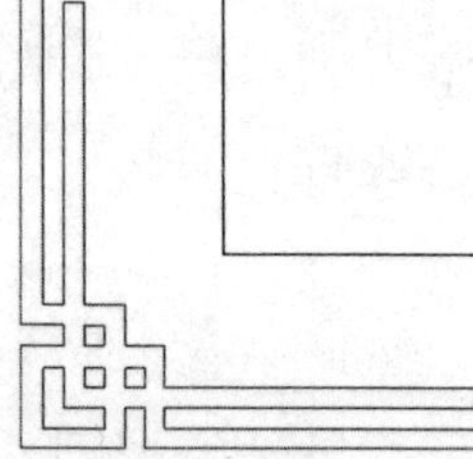

三、中国特色社会主义的“四个特色”

（一）实践特色

中国特色社会主义作为中国各族人民实现中华民族伟大复兴，建设现代化的创造性活动，其在本质上是实践着的。因为什么是中国特色社会主义，怎样建设中国特色社会主义，马克思主义经典理论里面没有写，国外也没有现成的经验。必须由实践来开拓，由实践来推进，由实践来检验，由实践来完善，因此实践是其首要特色。在改革开放初期，我们党就倡导和发扬“摸着石头过河”的实践探索精神，“大胆地试，大胆地闯”的实践勇气，和先搞小的实验区，经验成熟了再推广的实践智慧。依靠改革开放这一前无古人的崭新实践，奋力开创和推进中国特色社会主义伟大事业，创造了举世瞩目的成就：人民生活从普遍贫穷到总体小康，经济体制从过去的计划经济体制发展到今天的社会主义市场经济体制，从过去的封闭半封闭发展到走向世界并融入世界等。中国特色社会主义逐步发展的每一步，都是实践的结果。

实践永无止境，中国特色社会主义必将随着实践的发展不断地丰富。未来我们会不断遇到需要努力解决的新矛盾和新问题，任何时候都不能也不应当停留在同一个水平上，必须通过丰富实践特色不断把中国特色社会主义向更高层次推进。

丰富中国特色社会主义的实践特色，最根本的就是要把改革开放全面引向深入。改革开放作为当代中国发展进步的必由之路，是中国特色社会主义最基本的实践形式。实践表明，只有不断深化改革，才能为中国特色社会主义的发展注入发展动力；只有通过改革，才能为中国特色社会主义的发展调节社会矛盾；只有改革，才能清除中国特色社会主义发展过程中的消极因素。尤其在今天这样一个社会历史转型、体制机制转轨、发展方式转变的大变革时期，解决中国特色社会主义在实践中遇到的所有重大棘手问题，包括化解推动科学发展面临的一系列极具挑战性的矛盾和困难，都要靠运用改革的思路和办法。新形势下，必须把深化改革作为丰富中国特色社会主义实践特色的着力点和突破口，切实将改革创新精神贯彻到治国理政各个环节。要深入推进经济、政治、文化、社会等各个领域的改革，努力从促进生产力与生产关系、经济基础与上层建筑协调一致上，丰富中国特色社会主义的实践特色。

（二）理论特色

中国特色社会主义作为人类历史上的伟大创举，离不开科学理论的指导，因而呈现出鲜明的理论特色。改革开放以来，我们党的几代领导集体在对中国特色社会主义的接力探索中，将马克思主义普遍原理同当代中国实际和时代特征紧密结合，创立了包括邓小平理论、“三个代表”重要思想和科学发展观在内的中国特色社会主义理论体系。这个理论体系，是中国特色社会主义的实践经验结晶和理论表现形式，它系统回答了在中国这样一个十几亿人口的发展中大国建设什么样的社会主义、怎样建设社会主义，建设什么样的党、怎样建设党，实现什么样的发展、怎样发展等基本问题，深化了对共产党执政规律、社会主义建设规律、人类社会发展规律的认识，引导党和人民沿着正确方向不断夺取中国特色社会主义事业的新胜利。

中国特色社会主义的理论特色，是实践的结果，也需要在实践中加以丰富。作为当代的中国共产党人来说，丰富中国特色社会主义的理论特色，就是要更加注重进行理论创新，使中国特色社会主义在理论上不断丰富和完善。坚持在丰富中国特色社会主义的理论特色上下功夫见成效，有着非常重要的意义。

首先，这是继续推进中国特色社会主义的客观需要。中国特色社会主义是前无古人的创新事业，需要经过若干代人的接力奋斗。事业的不断发展，需要理论的不断创新来引领。只有注重丰富其理论特色，不断总结新经验、探求新规律、作出新概括，努力形成新的理论成果，才能保证这一事业在新的起点上实现新的飞跃。

其次，这是面向世界扩大中国特色社会主义政治影响的客观需要。改革开放 30 多年形成的中国特色社会主义的道路、理论体系和制度，是人类文明史上的伟大创举，是中国对世界的历史性贡献。中国道路、中国模式对其他的发展中国家具有一定的借鉴意义。因此，只有不断丰富中国特色社会主义的理论特色，着力对中国经验、中国道路、中国制度作出更为精彩的理论提升，同时结合中国实际对人类发展共同面临的重大问题作出富有创造性的理论回答，形成在全球范围更具说服力的理论创新成果及话语体系，才能进一步扩大中国特色社会主义的世界性影响，从而为其发展创造更加有利的外部环境。

最后，这是开拓马克思主义中国化新境界的客观需要。推进马克思主义中国化，是中国共产党人义不容辞的理论使命。在当代，只有紧贴中国特色社会主义的实践沃土，不断丰富其理论特色，努力深化方方面面的规律性认识，才能谱写深入推进马克思主义中国化的崭新篇章，进一步为实现国家富强、民族振兴、人民幸福提供强大思想武器。

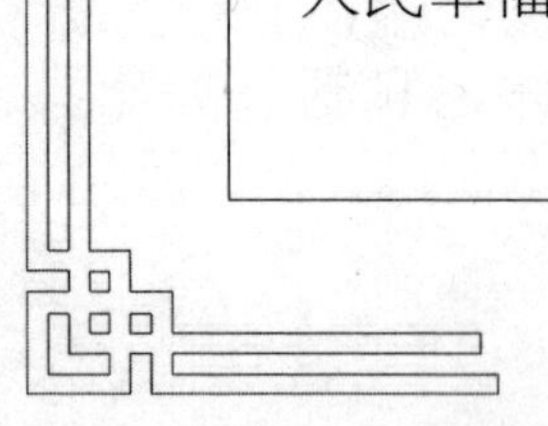

（三）民族特色

中国特色社会主义作为实现中华民族伟大复兴的根本路径，具有鲜明的民族特色。中国共产党人在开创中国特色社会主义的伟大实践中，始终坚持把科学社会主义基本原则同中国基本国情相结合，其中包括同推进民族复兴伟业的现实需要相结合，同中国各族人民对美好生活的期待相结合，同中华民族优秀传统文化相结合。由此生长起来的中国特色社会主义，深深打上了民族的烙印，也赢得了全国各族人民的拥护和支持。

中国特色社会主义的民族特色，同样需要在实践中不断地加以丰富。对当代中国共产党人来说，丰富中国特色社会主义的民族特色，就是要更加注重彰显民族风格，使中国特色社会主义愈益契合中华民族优良传统和复兴需求，从而形成更能体现民族精神、民族智慧、民族气派的特有优势。坚持这样做，既大有必要，也大有可为。一方面，实现中华民族的伟大复兴，对丰富中国特色社会主义的民族特色提出了现实要求。今天，面对世界文明多样化发展的大趋势，我们在中国特色社会主义道路上实现中华民族伟大复兴，不仅有一个建设社会主义现代化的问题，而且有一个增进社会主义民族化的问题。只搞现代化，不抓民族化，中华民族在世界文明发展大格局中就无法形成自己特有的优势，伟大复兴就会成为一句空话。越是民族的，越是世界的，只有大力丰富中国特色社会主义的民族特色，使社会主义现代化更多地摄入民族精神、民族风格、民族气派，中华民族才能真正实现跻身于世界先进民族之林的伟大复兴目标。另一方面，博大厚重的中国国情，为丰富中国特色社会主义的民族特色提供了有利条件。我们国家是拥有 13 多亿人口和东方神韵的伟大国家，我们党是拥有 8500 多万党员和光荣革命传统的伟大政党，我们民族是拥有 5000 多年悠久历史和丰厚文化遗产的伟大民族，我们所掌握的可用于丰富民族特色的各种有益资源是不可限量的。只要我们切实在丰富中国特色社会主义的民族特色上下一番真功夫，努力把蕴藏在国情要素中的相关资源充分发掘好利用好，就一定能使中国特色社会主义形成更多更大的特有优势。

丰富中国特色社会主义的民族特色，关键在于深入搞好科学社会主义基本原则与中国国情的紧密结合。中国特色社会主义的前提是必须坚持社会主义性质和方向，同时也要保持和增进民族特色。那么怎样实现科学社会主义基本原则与当代中国的国情相结合呢？唯物辩证法告诉我们，任何国家的现实国情都是复杂矛盾的统一体，既有积极进步因素，也有消极落后因素。任何时候，我们丰富中国特色社会主义的民族特色，都要站在全面推进中华民族文明进步的高度，从鼓励和弘扬积极进步因素、改造和清除消极落后因素着眼，把科学社会主义基本原则同中国国情中积极进步因素更好地结合起来。只有这样，才能加快中国国情朝着更加文明进步方向转化的历史进程，也才能使丰富中国特色社会主义的民族特色的现实价值得以充分体现。

（四）时代特色

中国特色社会主义作为当代中国发展进步的伟大旗帜和事业，是与时俱进的，具有时代特色的。新时期以来，我们党以宽广的世界眼光，把开创和推进中国特色社会主义与时代发展脉搏紧密相连：从实行党和国家工作重心的战略转移，到作出改革开放的战略抉择；从制定党在社会主义初级阶段的基本路线，到确立党在这个历史阶段的基本纲领；从实施科教兴国战略，到贯彻依法治国方略；从坚持两手抓、两手硬方针，到形成社会主义现代化建设总体布局；从着眼于增强以经济实力为核心标志的综合国力，到走科学发展、和谐发展、和平发展之路……这一切，无不回应着时代主题，紧跟着时代步伐。中国特色社会主义的道路、理论体系和制度，无不呈现着鲜亮的时代特色，并由此洋溢着旺盛的生命力。中国特色社会主义的时代特色，集中体现在它形成了赖以保持生机活力的时代化形态。

时代是发展变化的，中国特色社会主义的时代特色也应随着时代的发展而加以丰富。对当代中国共产党人来说，丰富中国特色社会主义的时代特色，就是要更加注重高扬时代旋律，使中国特色社会主义愈益深切地紧贴时代脉搏、顺应时代潮流、吸纳时代精华，从而形成更加充满时代气息的进取强音。从长远看，把丰富中国特色社会主义的时代特色落实到位，有三大益处：一是有益于增进中国特色社会主义的先进性。按照唯物史观，社会制度先进性的一个根本之点，在于能够领时代潮流之先。在世界处于大调整、大变革、大发展的时代背景下，越是大力丰富中国特色社会主义的时代特色，使之适应时代发展要求不断获取新鲜血液，越是有利于它始终处于挺立时代潮头的先进状态。二是有益于增进中国特色社会主义的优越性。中国特色社会主义在解放和发展生产力、坚持实现共同富裕、调动发挥人民群众的积极性创造性、促进人的全面发展等方面的优越性，既同其制度的根本性质相联系，也同其制度的成熟和完善程度相联系，同制度在一定阶段的时代内涵相联系。由此而论，丰富中国特色社会主义的时代特色，使其制度机制在吸纳时代文明、充实时代内涵中不断获得优化，无疑会对它的优越性产生极大的增进作用。三是有益于增进中国特色社会主义的强健性。一种制度和事业的强健性，是与时代赋予的生机活力相联系的。在新的历史条件下，注重丰富中国特色社会主义的时代特色，努力使它在时代大潮中更多更好地接收营养、接受锤炼，它就必定能够进一步强健起来，就能越加经得起风浪和风险考验。

要进一步丰富中国特色社会主义的时代特

色，就要吸收和借鉴当代人类社会一切优秀文明成果。人类社会在一定时代的优秀文明成果，是这个时代全部精华的伟大结晶，它代表着这个时代人类的认知能力和创造水平，也标示着时代发展趋势。从某种意义上讲，丰富中国特色社会主义的时代特色的过程，就是本着以我为主、为我所用原则，充分吸纳借鉴当代人类社会优秀文明成果的过程。在这个问题上，我们党一再主张世界各种文明和社会制度应当“在竞争比较中取长补短，在求同存异中共同发展”。今天，当中国重新回到世界舞台中心的时候，一方面有理由更加充满道路自信、制度自信和文化自信，另一方面也有理由以前所未有的底气和大气，去广泛吸纳借鉴当代人类社会优秀文明成果。只要我们坚持从丰富中国特色社会主义的时代特色着眼，努力吸纳借鉴当代人类社会的优秀文明成果，就一定会有利于我们的事业与时代发展，不断迈向更加辉煌的未来。

四、中国特色社会主义的总依据是社会主义初级阶段

马克思主义哲学告诉我们，社会存在决定社会意识形态，经济基础决定上层建筑。我们之所以要坚持走中国特色社会主义道路，总依据是我们还处在社会主义初级阶段上。因此社会主义革命初级阶段是我们制定所有路线、方针、政策的出发点，也是理论发展创新的基础。

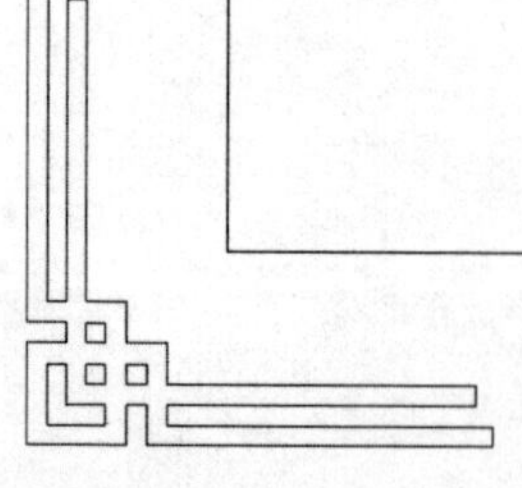

（一）社会主义初级阶段理论的内涵

社会主义初级阶段，不是所有的社会主义国家都要经历这样一个阶段，而是政治经济文化落后的国家在资本主义不发达的条件下进入社会主义后不可避免的特定历史阶段。这样的阶段具有特殊性，不具有普遍性。

从中国情况来看，中国没有经历过资本主义生产力高速发展的阶段，由于资本主义在中国走不通，所以中国是跨越了资本主义的“卡夫丁峡谷”，直接走上了社会主义道路，因此它在各个方面，不可避免地严重遗留了半殖民地半封建社会的痕迹。其中最突出的是：社会生产力远远落后于发达资本主义国家；政治上民主法制不健全；文化教育科技也很落后。经济政治文化落后的基本国情，决定了我国进入社会主义社会后，还必须经历一个很长的初级阶段，去实现其他国家在资本主义条件下实现的现代化。这个初级阶段，就是我国从进入社会主义到基本实现现代化的历史阶段，至少需要上百年的时间。

具体说，社会主义初级阶段包括两层含义：

第一，我国社会形态已经是社会主义社会。我们必须坚持而不能离开社会主义。这指明了我国的社会性质，既不是资本主义，也不是社会主义和资本主义谁战胜谁的问题还没有解决的过渡时期，而是社会主义社会。这就决定了我们的建设和改革，必须坚持而不能离开社会主义社会的方向，大方向不能错。任何退回去搞“全盘西化”、“补资本主义的课”的思想和行动，都是偏离了社会主义的方向，与我们的社会性质不相容的。

第二，我国的社会主义还处在初级阶段。我们必须从这一阶段出发，不能超越这一阶段。这指明了我国社会主义所处的历史发展阶段。这一阶段的社会主义是不发达、不完善、不成熟的社会主义社会，这是一个不可逾越的阶段。

我国从20世纪50年代生产资料私有制的社会主义改造基本完成，到社会主义现代化的基本实现，至少需要上百年时间，都属于社会主义初级阶段。

（二）社会主义初级阶段的基本特征

党的十五大从九个方面全面地对社会主义初级阶段的特征作出全面的概括。

1. 现代化发展的水平上：逐步摆脱不发达状态，基本实现社会主义现代化的历史阶段；

2. 产业结构状况上：由农业人口占很大比重、主要依靠手工劳动的农业国，逐步转变为非农业人口占多数、包含现代农业和现代服务业的工业化国家的历史阶段；

3. 经济运行方式上：由自然经济半自然经济占很大比重，逐步转变为经济市场化程度较高的历史阶段；

4. 文化教育发展水平上：由文盲半文盲人口占很大比重、科技教育文化落后，逐步转变为科技教育文化比较发达的历史阶段；

5. 人民富裕程度上：由贫困人口占很大比重、人民生活水平比较低，逐步转变为全体人民比较富裕的历史阶段；

6. 地区发展状况上：由地区经济文化很不平衡，通过有先有后的发展，逐步缩小差距的历史阶段；

7. 体制改革上：通过改革和探索，建立和完善比较成熟的充满活力的社会主义市场经济体制、社会主义民主政治体制和其他方面体制的历史阶段；

8. 精神文明建设上：广大人民牢固树立建设有中国特色社会主义共同理想，自强不息，锐意进取，艰苦奋斗，勤俭建国，在建设物质文明的同时努力建设精神文明的历史阶段；

9．国际比较上：逐步缩小同世界先进水平的差距，在社会主义基础上实现中华民族伟大复兴的历史阶段。

（三）深化对国情的认识，坚持党的基本路线不动摇

在1978年党的十一届三中全会上，我们党客观分析了我国社会的主要矛盾是人民日益增长的物质文化需求同落后的社会生产之间的矛盾，从而将党的工作重心转移到“以经济建设为中心”上来；在1987年党的十三大报告中，我们党完整提出了党在社会主义初级阶段的基本路线，“领导和团结全国各族人民，以经济建设为中心，坚持四项基本原则，坚持改革开放，自力更生，艰苦创业，为把我国建设成为富强民主文明的社会主义现代化国家而奋斗”。

2012年党的十八大报告继续强调指出，“我

国仍处于并将长期处于社会主义初级阶段的基本国情没有变，人民日益增长的物质文化需要同落后的社会生产之间的矛盾这一社会主要矛盾没有变，我国是世界最大发展中国家的国际地位没有变”。可以从四个方面来理解这段话。

第一，我国仍处于并将长期处于社会主义初级阶段的基本国情没有变。

第二，人民日益增长的物质文化需要同落后的社会生产之间的矛盾这一社会主要矛盾没有变。2011 年中国经济总量达到了 47.3 万亿元，排名世界第二。新中国成立后，从 1952 年到 1978 年，年均增长 6.15%；1978 年到 2011 年，年均增长 9.89%；从 1952 年到 2011 年整个社会主义建设的 59 年间，年均增长 8.22%。取得这样的经济增长非常不容易。然而，如此高的增长，也付出了沉重的代价，那就是粗放型的经济增长方式带来的高能耗、高物耗、高污染。与此同时，经济的高速增长并没有充分地反映到人民群众收入的增长和生活水平的提高上。面对收入差距扩大和人民群众期待生活更加美好的愿望，我们还要靠加快发展、靠改革开放来解决社会的主要矛盾。

第三，我国是世界最大发展中国家的国际地位没有变。通过30多年的迅猛发展，2010年中国超过了日本，成了世界第二大经济体，2011年占世界经济的份额达到10%左右，对世界经济增长的贡献率超过20%。然而，对于13多亿人口、地区差距巨大的大国而言，尽管2012年人均GDP达到了6100美元，但距离世界银行提出的高收入国家12000美元的最低分界线尚差近一半的水平，仅仅是美国人均GDP的11%、日本的12%，甚至是巴西和俄罗斯的42%。

第四，我国经济社会发展的总态势和基本面没有变。这个没有变，党的十七大报告曾做了完整总结，集中体现在八个方面：一是经济实力显著增强，同时生产力水平总体上还不高，自主创新能力还不强，长期形成的结构性矛盾和粗放型发展方式还没有根本转变；二是社会主义市场经济体制初步建立，同时影响发展体制机制的障碍依然存在，改革攻坚面临深层次矛盾和问题；三是人民生活水平总体上达到小康水平，同时收入分配差距拉大趋势还未根本扭转，城乡贫困人口和低收入人口还有相当数量，统筹兼顾各方面利益的难度加大；四是协调发展取得显著成绩，同时农业基础薄弱、农村发展滞后的局面尚未改变，缩小城乡、区域发展差距和促进经济社会协调发展任务艰巨；五是社会主义民主政治不断发展，依法治国基本方略扎实贯彻，同时民主法治建设与扩大人民民主和经济社会发展要求还不完全适应，政治体制改革需要继续深化；六是社会主义文化更加繁荣，同时人民精神文化需求日趋旺盛，人们思想活动的独立性、选择性、多变性、差异性明显增强，对发展社会主义先进文化提出了更高的要求；七是社会活力显著增强，同时社会结构、社会组织形式、社会利益格局发生深刻变化，社会建设和管理面临诸多新课题；八是对外开放日益扩大，同时面临的国际竞争日趋激烈，发达国家经济科技占优势的压力长期存在，可以预见和难以预见的风险在增多，统筹国内发展和对外开放要求更高。

中国特色社会主义事业是人类历史上最伟大的事业，要完成这个伟大的事业，需要一个长期的历史过程。初级阶段的长期性要求我们克服习惯势力的影响。同时，初级阶段的长期性要求我们埋头苦干。邓小平曾说："资本主义发展几百年了，我们干社会主义才多长时间！如果从新中国成立起，用一百年时间把我国建设成中等水平的发达国家，那就很了不起！从现在起到下世纪中叶，将是很要紧的时期，我们要埋头苦干。"

习近平特别强调"牢记初级阶段"，"不仅在经济建设中要始终立足初级阶段，而且在政治建设、文化建设、社会建设、生态文明建设中也要始终牢记初级阶段；不仅在经济总量低时要立足初级阶段，而且在经济总量提高后仍然要牢记初级阶段；不仅在谋划长远发展时要立足初级阶段，而且在日常工作中也要牢记初级阶段"。

五、中国特色社会主义事业的总体布局

（一）中国特色社会主义事业总体布局的逐步形成

中国特色社会主义事业的总体布局，指的是作为整体的中国特色社会主义事业结构的架构方式和格局的战略安排。在党的文献中，“总体布局”概念最早见于十二届六中全会通

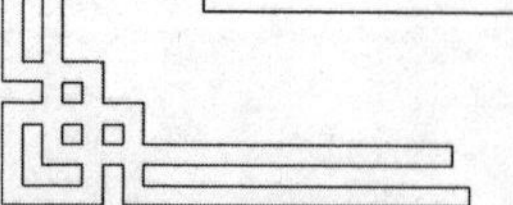

过的《中共中央关于社会主义精神文明建设指导方针的决议》。该决议指出："我国社会主义现代化建设的总体布局是：以经济建设为中心，坚定不移地进行经济体制改革，坚定不移地进行政治体制改革，坚定不移地加强精神文明建设，并且使这几个方面互相配合、互相促进。"但是，中国特色社会主义事业总体布局的形成经历了一个漫长的探索过程，是我党在深刻总结社会主义建设历史经验的基础上逐步确立的。

1940 年，毛泽东在《新民主主义论》中指出："我们不但要把一个政治上受压迫、经济上受剥削的中国，变为一个政治上自由和经济上繁荣的中国，而且要把一个被旧文化统治因而愚昧落后的中国，变为一个被新文化统治因而文明先进的中国。"新中国成立后，我党在社会主义建设实践的基础上，提出要建设现代工业和现代农业，并形成了我国工业布局的思想，后来又提出了实现工业、农业、国防、科学技术四个现代化目标，完成了中国社会主义建设最初的战略部署。改革开放以后，我党在探索中形成了关于社会主义建设布局的一系列新认识。1978 年 12 月召开的十一届三中全会确定把全党工作的重点转移到社会主义现代化建设上来，提出实现农业、工业、国防和科学技术现代化是“当前最伟大的历史任务”。

在党的十二大开幕词中，邓小平第一次提出了“建设有中国特色的社会主义”的命题。这次大会在确定大力推进“两个文明”建设的同时指出：“社会主义的物质文明和精神文明建设，都要靠继续发展社会主义民主来保证和支持。建设高度的社会主义民主，是我们的根本目标和根本任务之一。”党的十二届六中全会明确提出的社会主义现代化建设总体布局，标志着中国特色社会主义事业“三位一体”的总体布局正式形成。1987 年召开的十三大，确立了党在社会主义初级阶段的基本路线，强调我国社会主义初级阶段“是通过改革和探索，建立和发展充满活力的社会主义经济、政治、文化体制的阶段”。

江泽民 1991 年的“七一”讲话在阐述党的基本路线和十三届七中全会提出的十二条原则时指出：“总起来说，就是要通过社会主义制度的自我完善和发展，建设有中国特色社会主义的经济、政治、文化，以适应和促进社会生产力的不断发展和社会的全面进步，实现社会主义现代化。”“有中国特色社会主义的经济、政治、文化，是有机统一、不可分割的整体。”党的十四大提出建立社会主义市场经济体制，在重申现阶段我国社会主要矛盾时强调必须把发展生产力摆在首要位置，以经济建设为中心推动社会全面进步。党的十五大提出社会主义初级阶段的基本纲领，进一步明确了建设中国特色社会主义经济、政治、文化的基本目标和基本政策。党的十六大强调，全面建设小康社会就是要使经济更加发展、民主更加健全、科教更加进步、文化更加繁荣、社会更加和谐、人民生活更加殷实，不断促进社会主义物质文明、政治文明、精神文明协调发展，推动社会全面进步和促进人的全面发展。

党的十六大以来，以胡锦涛为总书记的党中央提出深入贯彻落实科学发展观、构建社会主义和谐社会的重大任务，更加明确了社会建设在中国特色社会主义事业总体布局中的战略地位。2005 年 2 月，胡锦涛在省部级主要领导干部提高构建社会主义和谐社会能力专题研讨班上，第一次提出中国特色社会主义事业总体布局的完整概念："随着我国经济社会的不断发展，中国特色社会主义事业的总体布局，更加明确地由社会主义经济建设、政治建设、文化建设三位一体发展为社会主义经济建设、政治建设、文化建设、社会建设四位一体。"

党的十七大通过的新党章在阐述社会主义初级阶段基本国情和现阶段奋斗目标时，郑重地增加了"必须按照中国特色社会主义事业总体布局，全面推进经济建设、政治建设、文化建设、社会建设"的新内容，从而在执政党章程中明确了"四位一体"的中国特色社会主义事业的总体布局。同时，党的十七大还首次提出建设生态文明，并把它作为实现全面小康社会奋斗目标的新要求："建设生态文明，基本形成节约能源资源和保护生态环境的产业结构、增长方式、消费模式。循环经济形成较大规模，可再生能源比重显著上升。主要污染物排放得到有效控制，生态环境质量明显改善。生态文明观念在全社会牢固树立。""生态文明建设"的提出，表明我党对中国特色社会主义总体布局的认识更加深化。

2008 年 9 月，在全党深入学习实践科学发展观活动动员大会暨省部级主要领导干部专题研讨班上的讲话中，胡锦涛在阐述全党开展深入学习实践科学发展观活动的重大意义时明确指出："适应新形势，完成新任务，实现新发展，要求我们必须深化用中国特色社会主义理论体系武装全党工作，把深入学习实践科学发展观摆在突出位置，把党的政治优势和组织优势转化为推动经济社会又好又快发展的强大力量，为全面推进社会主义经济建设、政治建设、文化建设、社会建设以及生态文明建设，为全面推进党的建设新的伟大工程，为实现全面建设小康社会的宏伟目标，进一步奠定重要的思想基础、政治基础、组织基础。”这标志着经济建设、政治建设、文化建设、社会建设、生态建设“五位一体”的中国特色社会主义总体布局初步形成。2009 年 9 月，《中共中央关于进一步加强和改进党的建设若干重大问题的决定》指出：“我国经济建设、政治建设、文化建设、社会建设和生态文明建设全面推进，工业化、信息化、城镇化、市场化、国际化深入发展，我国正处在进一步发展的重要战略机遇期，在新的历史起点上向前迈进。”

从以政治为中心到以经济建设为中心，从物质文明和精神文明“两手抓、两手都要硬”到物质文明、政治文明和精神文明“三个文明协调发展”，再到经济建设、政治建设、文化建设和社会建设“四位一体”，最后完善到经济建设、政治建设、文化建设、社会建设和生态建设“五位一体”的演进过程，并不是中国特色社会主义事业总体布局构成要素的简单相加，而是我党对社会主义现代化建设战略任务和方针政策的认识，对共产党执政规律、社会主义建设规律和人类社会发展规律的认识的逐步深化。每一次深化都适应了实践进展的需要，体现了中国共产党与时俱进的理论自觉和不断创新的时代精神。

（二）中国特色社会主义事业总体布局的辩证关系

按照“五位一体”的总体布局，全面推进中国特色社会主义事业，要正确认识和把握中国特色社会主义的经济建设、政治建设、文化建设、社会建设和生态建设是相互联系、相互促进的有机统一体。五者互为条件、缺一不可，忽视任何一个方面，都会造成发展不协调的被动局面。这是对 60 年来我国社会主义建设经验教训的深刻总结。

经济建设是基础。经济建设为政治建设、

文化建设、社会建设和生态建设提供物质基础。经济建设不仅影响着人们的政治关系、政治意识、政治行为和整个社会的政治制度等，也制约着社会的教育、科学、文化发展水平以及人们的思想道德水平。改革开放30多年来，我国面貌之所以发生前所未有的巨大变化，社会事业之所以取得历史性进步，就是因为我们始终坚持以经济建设为中心，通过改革开放使社会生产力得到了极大的解放和发展。因此，坚持以经济建设为中心这个思想任何时候都绝不能动摇。

政治建设是保障。政治建设为经济建设、文化建设、社会建设和生态建设提供政治保障。没有政治建设，就不可能充分调动人民群众的积极性、主动性、创造性，就没有一个以健全法制为保障的发展环境，其他建设就不可能顺利进行。

文化建设是灵魂。为经济建设、政治建设、社会建设和生态建设提供思想保证、精神动力、文化环境和智力支持。没有文化建设，就没有共同的理想信念和道德规范，就不能形成昂扬向上、开拓进取的主流精神，其他建设就没有精神支撑。只有搞好文化建设，人们拥有了较高的科学文化素养、崇高的理想信念和道德情操，才能为经济建设、政治建设、社会建设和生态建设提供思想保证、精神动力、文化环境和智力支持。

社会建设是条件。社会建设为经济建设、政治建设、文化建设和生态建设提供有利的社会条件。没有社会建设，就不能形成促进其他建设的良好社会环境。社会建设就像一条纽带，对经济建设、政治建设、文化建设和生态建设具有统合功能和辐射作用，与广大人民群众的切身利益紧密相连。社会建设水平的提升必将有力地促进和带动经济建设、政治建设、文化建设和生态建设的发展，使社会主义制度在经济、政治、文化等方面的优越性更加充分地体现出来。

生态建设是根本。生态建设为经济建设、政治建设、文化建设和社会建设提供和谐的生态环境。没有生态建设，就不能实现经济、政治、文化、社会的可持续发展。如果说生态文明建设是对传统文明形态特别是工业文明进行深刻反思形成的认识成果，那么，经济建设就是在经济建设过程中保护和改善生态环境的实践结果。改革开放以来，我们的经济社会发展在取得巨大成就的同时，也付出了巨大的能源、资源和生态环境代价。目前，生态建设与经济社会发展的不协调，已经对中国特色社会主义事业总体布局的目标产生了重大影响。

在推进中国特色社会主义事业的伟大实践中，我们必须按照“五位一体”总体布局的要求，把社会主义经济建设、政治建设、文化建设、社会建设和生态建设作为统一的任务来把握，作为统一的工作来部署，作为统一的目标来落实，大力发展社会主义市场经济，大力发展社会主义民主政治，大力发展社会主义先进文化，大力构建社会主义和谐社会，大力发展社会主义生态文明，建设富强、民主、文明、和谐的中国特色社会主义。

六、中国特色社会主义的建设内容

（一）经济建设

经济发展与经济增长不同。经济增长是指一个国家或地区生产的产品与劳务总量的增加，一般以 GDP、GNP 等指标来核算和反映。经济发展除了包括经济增长的内容，还包括经济结构转变以及生态环境、医疗卫生、文化教育、人民生活质量和幸福指数等的变化和提升。

1. 加快转变经济发展方式的必要性

在党的十八大报告里，胡锦涛明确提出："以经济建设为中心是兴国之要，发展仍是解决我国所有问题的关键。只有推动经济持续健康发展，才能筑牢国家繁荣富强、人民幸福安康、社会和谐稳定的物质基础。必须坚持发展是硬道理的战略思想，决不能有丝毫动摇。在当代中国，坚持发展是硬道理的本质要求就是坚持科学发展。以科学发展为主题，以加快转变经济发展方式为主线，是关系我国发展全局的战略抉择。"因此进一步完善社会主义市场经济体制，转变经济发展方式到了刻不容缓的时候。

首先，经济发展的规律要求我们必须转变经济发展方式，从而实现我国经济的又好又快发展。

从世界经验来看，在工业化初期，由于技

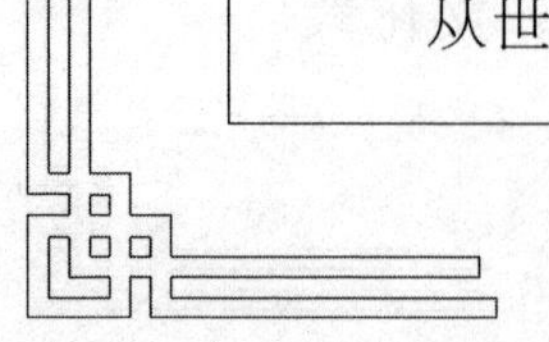

术水平低，主要依靠资源投入。当工业化进入一定阶段、经济总量达到一定规模时，就会受到资源供给约束，必然要求转变经济发展方式。这是一种客观规律。

我国经济发展恰恰经历了这样一个成长过程。十一届三中全会以后，在解放思想，改革开放的思想、路线、国策、方针指导下，蕴藏在人民群众和产业结构中的巨大生产力得到极大的解放。在百废待兴，与发达国家差距巨大的情况下，刚刚复苏的中国经济，必然强调“快”字当头，迅速提升经济总量。正是由于以经济建设为中心，改革开放以来，我国的经济建设取得了巨大成就，社会发展状况也有了很大改观，贫困人口大幅度减少，城乡居民生活水平得到有效改善，社会公平得到有效保障和体现。这是我们引以为豪的。但另一方面，我们在资源环境方面也付出了巨大的代价。从总体上看，过去我国经济增长可以概括为“三高五低”即高能耗、高物耗、高污染；低劳动成本、低资源成本、低环境成本、低技术含量、低价格竞争。对环境造成了严重的污染和破坏。快速增长持续的时间越长，因此对资源环境的压力越大，因此我们必须转变发展方式。

其次，资源、环境压力使得低成本的经济发展模式难以为继。

长期以来，我国经济发展一直遵循比较优势理论，走低成本、低价格的路线。低成本模式把资源、环境、劳动力的成本压到了不能再低的程度，却没有反映出这些生产要素的稀缺程度和真实社会成本，致使资源、环境承受着巨大压力，不堪重负。

由于我国基本资源不足，使用效率低下，进口不稳定不安全，所以中央提出要贯彻落实科学发展观，“十二五”规划才把转变经济发展方式作为主线，不再靠现有的资源高消耗来维系经济的增长。

从环境压力来看也在不断增大。2007 年我国仅化石能源二氧化碳排放就达 60 亿吨，居世界第一位。国际环保大会上，批评我们的声

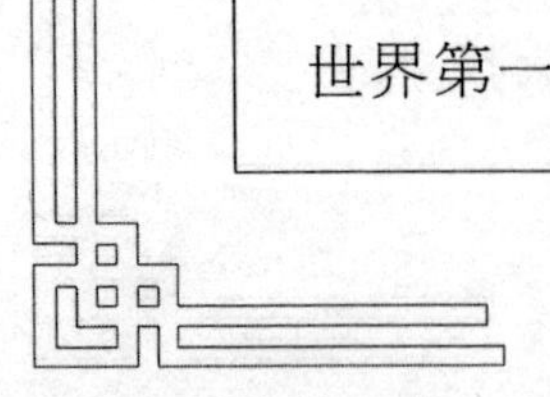

音越来越多。因此，我们更要转变经济发展方式。

最后，我国经济发展已进入新的阶段，应当更加重视 GDP 的质量和构成。

改革开放以来，我国经济实现了长足发展。如果说以前我们必须重视经济发展速度、重视经济总量，那么，现在就应当更加重视经济发展的质量。重视经济发展的质量，就要看 GDP 的内容，看它的实际构成。马克思在讲到使用价值和价值的关系时强调使用价值是价值的物质承担者，不仅要看价值量而且要看使用价值的性质和构成。比如清朝后期，虽然我国 GDP 的规模很大，但由于其构成主要是茶叶、蚕茧、瓷器等，而西方国家的 GDP 构成则是机器设备、坚船利炮，结果我们还是落后，加上制度落后、政治腐败，最终的结果是被动挨打。这说明，要提升一国的竞争力，必须改善 GDP 的构成。

综上所述，我们的经济发展方式到了必须转变的时刻。

2. 加快转变经济发展方式的思路与对策

第一，促进经济增长由主要依靠投资、出口拉动向依靠消费、投资、出口协调拉动转变。

2003年以后，我国国民经济进入新一轮上升期，在基础设施建设和房地产业的拉动下，钢铁、水泥、电解铝、技术装备业迅速增长，带来了投资率长期居高不下。投资率过高，消费率过低，带来的直接影响是居民消费水平不能随着经济发展得到同步提高。大量产品用于投资和出口，在一定程度上造成生产能力闲置，贸易摩擦不断增加。过去几年，我国出口遇到来自许多国家的反倾销和贸易纠纷。国际金融危机使发达国家的市场萎缩，对我国商品的吸纳能力下降，出口对经济增长的拉动作用随之下降。过度依赖出口和投资拉动经济增长，已经不能持续下去，要促进经济增长由主要依靠投资、出口拉动向依靠消费、投资、出口协调拉动转变。为此，一是要把扩大内需放

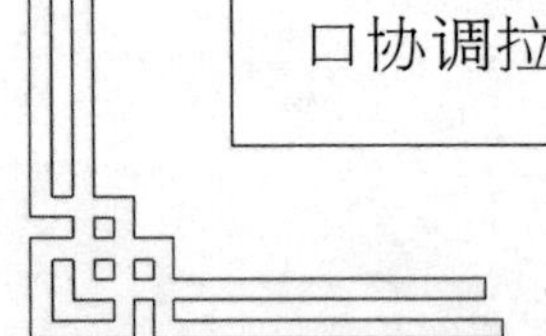

在突出位置上；二是要调整收入分配结构，努力提高居民收入水平；三是要把扩大公共服务作为扩大消费的重点，让每个人在医疗、教育、社会保障等方面都能够享受到大体平等的服务水平；四是要加快城镇化进程，通过城市化拉动我国经济较快增长。当前城镇化的一个重要问题，就是怎样把在城市有了稳定收入、稳定工作的农民工变成城市人口，这是一项具有重要意义的工作。要为进城的农民工提供必要的服务，比如说把为农民工服务的托儿所、学校也纳入到城市公共服务的范围等。

第二，促进经济增长由主要依靠第二产业带动向依靠第一、第二、第三产业协同带动转变。

尽管我国 2013 年第三产业占整个 GDP 的比重达到了 46.1%，首次超过了第二产业，但是发达国家的第三产业对 GDP 和就业的贡献早就超过了 70%到 80%，与发达国家相比，我国第三产业发展仍然滞后，这种情况导致了第三产业吸纳就业容量大的优势得不到发挥。

分析第三产业发展慢的原因，一是第三产业税收负担比第二产业重。二是缺乏一个专门为小企业和个体户服务的金融体系。三是发展为生产服务的新兴服务业还缺乏经验。第三产业发展滞后已经严重制约了第一产业和第二产业的发展。在第三产业中，为生活服务的一般传统服务业并不落后，落后的是为生产服务的新兴服务业，包括技术、咨询、金融、物流、中介服务等。例如物流，2013 年发达国家的物流成本占 GDP 的 10%左右，而我国是 18%，接近发达国家的一倍。原因在于专业化、社会化的现代物流体系还没有形成。再例如，技术创新在发达国家已经成为第三产业的一个重要组成部分了，包括技术成果的评估、技术贸易市场等，我国大部分仍停留在企业内部。

为了加快第三产业发展，必须制定有效的政策。从党的十八届三中全会做出的决定来看，我们党和政府已经在全面深化改革方面做出了许多重大的部署，在产业结构的合理化和科学发展方面将有新的突然。

第三，促进经济增长由主要依靠增加物质资源消耗向主要依靠科技进步、劳动者素质提高、管理创新转变。

一是企业要成为自主创新主体。农业经济时代生产要素中起主导作用的是土地；在工业经济时代最主要的要素是资金；在知识经济时代最主要或主导性的要素是知识，是掌握知识和技能的有创新能力的人才。所以要重视创新。现在的问题是，国有企业还没有成为创新的主体。主要原因是现在对央企的考核指标主要是考核有形资产的保值增值，没有包括无形资产。随着社会的进步，无形资产越来越重要。要建立一个鼓励发展方式转变和自主创新的体制机制，建立一个激励国有企业增加研发投入的机制。如果体制机制不变，发展方式转变是很难的，企业也不愿意增加研发投入。二是完善鼓励创新的政策和社会环境。目前，要建立以自主创新带动高技术产业发展的政策环境。在这方面，深圳走出了以自主创新带动产业升级的路子。从 20 世纪 90 年代中期开始，深圳就明确提出要实行两个转变：①要从以外资企业为主向内资高技术企业为主转变；②出口要从加工贸易为主向一般贸易为主转变。为了集中力量扶持内资高技术企业发展，深圳市政府兴办了风险投资公司和贷款担保公司，现在深圳成长起来的企业，90%以上在它们发展的关键阶段都得到过这两个公司的支持。三是充分利用国际市场的科技资源。国际金融危机使发达国家的一些企业经营困难，面临倒闭。通过国际并购，把国外经营困难又拥有比较好的科技资源的企业并购过来，可以使我国企业的自主创新能力上一个新台阶。同时，还可以通过引智创新，吸引更多的海外优秀人才。现在国际市场上的科技资源很多，应当加以利用，通过利用国际市场的科技资源来提升自主创新能力。

第四，加快推进农业发展方式转变。

根据党的十八大的要求，要大力推进城乡一体化发展。解决好“三农”问题是全党工作的重中之重，城乡发展一体化是解决“三农”

问题的根本途径。因此要加大统筹城乡发展力度，促进城乡共同繁荣。今后要加大强农惠农富农政策力度，让广大农民平等参与现代化进程、共同分享现代化成果。要加快发展现代农业，推进农村产业化进程，增强农业综合生产能力，确保国家粮食安全和重要农产品有效供给。要深入推进新农村建设和扶贫开发，全面改善农村生产生活条件。着力促进农民增收，保持农民收入持续较快增长。要坚持和完善农村基本经营制度，构建集约化、专业化、组织化、社会化相结合的新型农业经营体系。要改革征地制度，提高农民在土地增值收益中的分配比例，加快完善城乡发展一体化体制机制，促进城乡要素平等交换和公共资源均衡配置，形成以工促农、以城带乡、工农互惠、城乡一体的新型工农、城乡关系。

第五，建立促进发展方式转变的体制机制。

一是要从制度上发挥市场配置资源的决定性作用。资源价格不仅要反映其开采成本，还要反映它的环境成本和稀缺程度。由于过去资源价格构成中不包括短缺性这一因素，造成资源的价格太低，要通过资源价格调整来保护资源，发挥资源的效益。从党的十八届三中全会做出的决定看，我们已经把市场的作用从过去的“基础性”提升到“决定性”的高度。二是要改革金融体制。目前我国金融运行总体来讲是健康的，银行资产质量比较好。现在的问题是专门为小企业、个体户和农户服务的小额贷款体系短缺，所以改革重点是怎样建立一个为小型、微型经济主体服务的金融体系。美国一共有 8000 多个银行，其中 90％都是区域性的社区银行。社区银行只在一个地区之内吸收存款，发放贷款。这些小银行对当地客户比较熟悉，成为地方经济发展的一个重要支撑。我国现在金融体系尚缺乏这样的“毛细血管”，金融的“血液”输送不到小型、微型的经济主体里去。所以要通过改革完善金融服务体系，支持创业活动和技术创新成果的产业化。三是改革政绩考评机制。应发挥好政绩考核评价的“指挥棒”作用，引导各级政府克服 GDP 崇拜，更加自觉地按照科学发展观的要求把主要精力集中到加快经济发展方式转变上来。

2013年12月6日，经中共中央批准，中组部印发《关于改进地方党政领导班子和领导干部政绩考核工作的通知》，在《通知》中明确规定对地方官员的政绩考核不再简单“以GDP论英雄”。要点有五：考核不能唯GDP；不能搞GDP排名；限制开发区域不再考核GDP；加强对政府债务状况的考核；考核结果使用不能简单以GDP论英雄。这也在行动上兑现了“发挥市场决定性作用”的承诺。

（二）政治建设

1. 政治体制改革的必要性

改革开放三十年多年，我们党团结和带领全国各族人民，解放思想、实事求是，同心同德、锐意进取，在推进中国特色社会主义建设方面取得了历史性的成就。但是我们必须看到我国在政治体制方面还存在一些不足：

一是政治体制改革相对滞后，随着经济体制改革的深入，特别是社会主义市场经济的不断发展，逐渐显露出不适应性。改革开放作为一项国策，之所以取得了巨大的成功，是因为我们采取了先进行经济改革后进行政治改革的战略。但是中国经济发展到今天，逐步暴露出了我国旧的政治体制的种种弊端，诸如党政不分，权力过分集中，机构臃肿，效率抵下，法制不完善等，从而严重束缚了生产力的解放。

二是改革与完善党的领导方式、执政方式的任务虽然提了出来，但还缺乏研究和探索，远远没有破题。

三是在民主的制度化、法律化建设上，还有很多需要完善的地方，譬如人民代表大会制度、共产党领导下的多党合作和政治协商制度、基层民主政治制度等还很不完善、很不健全；干部人事制度改革、政治监督的改革还缺乏力度，从而使腐败不绝、吏治失范、权威流失等问题没有得到很好解决。

邓小平在论述政治体制改革和经济体制改革的关系的时候，指出只有搞好政治体制改革，才能确保经济体制改革的成果，促进经济体制改革更深入地发展。

2. 政治体制改革的目标、性质和原则

从我国政治体制改革的目标确定来看，经历了一个不断丰富和明确的过程。邓小平说："政治体制改革的目的，总的来说是要消除官僚主义，发展社会主义民主，调动人民和基层单位的积极性。"具体地说，政治体制改革的"第一个目标是始终保持党和国家的活力"；"第二个目标是克服官僚主义，提高工作效率"；"第三个目标是调动基层和工人、农民、知识分子的积极性"。改革总的目的，是要有利于巩固社会主义制度，有利于巩固党的领导，有利于在党的领导和社会主义制度条件下发展生产力。

在党的十二大上，提出建设高度的社会主义民主，是我们的根本目标和根本任务之一。社会主义民主的建设必须同社会主义法制的建设紧密地结合起来，使社会主义民主制度化、法律化。党的十三大提出，进行政治体制改革，就是要兴利除弊，建设有中国特色的社会主义民主政治，政治体制改革的长远目标是建立高度民主、法制完备、富有效率、充满活力的社会主义政治体制，近期目标是建立有利于提高效率、增强活力和调动各方面积极性的领导体制。党的十四大提出，要积极推进政治体制改革，使社会主义民主和法制建设有一个较大的发展。要下决心进行行政管理体制和机构改革，切实做到转变职能、理顺关系、精兵简政、提高效率。党的十五大提出，在坚持四项基本原则的前提下，继续推进政治体制改革，进一步扩大社会主义民主，健全社会主义法制，依法治国，建设社会主义法治国家。从制度和法律上保证党始终发挥总揽全局、协调各方的领导核心作用。党的十六大提出，发展社会主义民主政治，建设社会主义政治文明，是全面建设小康社会的重要目标。并特别指出，政治体制改革是社会主义政治制度的自我完善和发展，发展社会主义民主政治，最根本的是要把坚持党的领导、人民当家做主和依法治国有机统一起来。要着重加强制度建设，实现社会主义民主政治的制度化、规范化和程序化。党的十七大提出："政治体制改革作为我国全面改革的重要组成部分，必须随着经济社会发展而不断深化，与人民政治参与积极性不断提高相适应。""深化政治体制改革，必须坚持正确政治方向，以保证人民当家做主为根本，以增强党和国家活力、调动人民积极性为目标，扩大社会主义民主，建设社会主义法治国家，发展社会主义政治文明。"党的十八大提出"政治体制改革是我国全面改革的重要组成部分。必须继续积极稳妥推进政治体制改革，发展更加广泛、更加充分、更加健全的人民民主。""以保证人民当家做主为根本，以增强党和国家活力、调动人民积极性为目标，扩大社会主义民主，加快建设社会主义法治国家，发展社会主义政治文明。”

综上所述，改革开放以来，我们党和国家推进政治体制改革的决心是坚定不移的，确定的目标始终如一，而且越来越深入、明确和具体。

从我国政治体制改革的性质来看，是社会主义政治制度的自我完善和发展。这是由我国的社会主义性质、政治体制改革的内容和目标决定的，是不容改变的。只有坚持社会主义政治制度的自我完善和发展这一性质和方向，才符合不断实现、维护和发展以占中国人口最大多数的工人、农民及其他普通劳动者为主体的全体人民的根本利益、现实和长远利益。

我国政治体制改革坚持的原则主要包括：必须坚持党的领导、人民当家做主、依法治国有机统一，以保证人民当家做主为根本，以增强党和国家活力、调动人民积极性为目标，扩大社会主义民主，加快建设社会主义法治国家，发展社会主义政治文明。

3. 政治体制改革的主要任务

中国政治体制改革的目标是在宪法和法律的框架内，党委领导，政府负责，人大监督，政协参与，司法独立。当前和今后一个时期政治改革的具体任务主要有：

一是加强党的领导，提高执政能力。历史和实践反复证明，没有共产党就没有新中国，没有共产党也没有中国特色的社会主义。要“牢牢把握加强党的执政能力建设、先进性和纯洁性建设这条主线”，不断提高党的建设科学化水平。重点是提高党的领导水平和执政水平、提高拒腐防变和抵御风险能力，把中国共产党建成一个学习型、服务型、创新型的马克思主义执政党，确保党始终成为中国特色社会主义事业的坚强领导核心。

二是转变政府职能，确保政府依法行政。要按照建立中国特色行政体制目标，深入推进政企分开、政资分开、政事分开、政社分开，建设职能科学、结构优化、廉洁高效、人民满

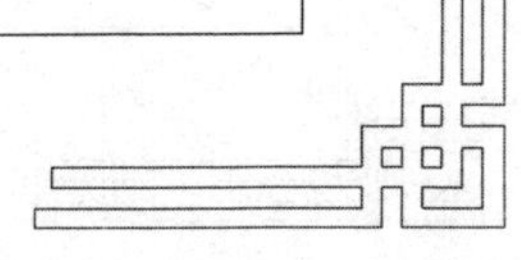

意的服务型政府。深化行政审批制度改革，继续简政放权，推动政府职能向创造良好发展环境、提供优质公共服务、维护社会公平正义转变。

三是强化人大职能。人民代表大会制度是保证人民当家做主的根本政治制度。要善于使党的主张通过法定程序成为国家意志，支持人大及其常委会充分发挥国家权力机关作用，依法行使立法、监督、决定、任免等职权，加强立法工作组织协调，加强对“一府两院”的监督，加强对政府全口径预算决算的审查和监督。提高基层人大代表特别是一线工人、农民、知识分子代表比例，降低党政领导干部代表比例。在人大设立代表联络机构，完善代表联系群众制度。健全国家权力机关组织制度，优化常委会、专委会组成人员知识和年龄结构，提高专职委员比例，增强依法履职能力。

四是强化政协职能。政协是中国民主建设的重要组成部分，政协委员必须实行差额选举，大力减少官员任委员比例，委员应以专家和基层群众为主，政协作为议政、咨询机构，凡须人代会通过的法律、重大议案应事先交由政协讨论，但不表决，议后应将原始记录整理后（不可修改）移送每位人大代表参阅。政协还可以就有关国计民生问题开展调查研究，向政府有关部门提出，政府必须做出解释或提出改进意见。政协委员提交的议案政府部门必须予以答复，必要时可要求行政首长出席政协会议予以答复，努力把政协发展成群策群议、参政议政的民主机构。

五是全面推进依法治国。法治是治国理政的基本方式。要推进科学立法、严格执法、公正司法、全民守法，坚持法律面前人人平等，保证有法必依、执法必严、违法必究。完善中国特色社会主义法律体系，加强重点领域立法，拓展人民有序参与立法途径。推进依法行政，做到严格规范公正文明执法。进一步深化司法体制改革，确保审判机关、检察机关依法独立公正行使审判权、检察权。深入开展法制宣传教育，弘扬社会主义法治精神，树立社会主义法治理念，增强全社会学法遵法守法用法意识。提高领导干部运用法治思维和法治方式深化改革、推动发展、化解矛盾、维护稳定能力。党领导人民制定宪法和法律，党必须在宪法和法律范围内活动。任何组织或者个人都不得有超越宪法和法律的特权，绝不允许以言代法、以权压法、徇私枉法。

六是推进基层民主。在城乡社区治理、基层公共事务和公益事业中实行群众自我管理、自我服务、自我教育、自我监督，是人民依法直接行使民主权利的重要方式。要健全基层党组织领导的充满活力的基层群众自治机制，以扩大有序参与、推进信息公开、加强议事协商、强化权力监督为重点，拓宽范围和途径，丰富内容和形式，保障人民享有更多更切实的民主权利。全心全意依靠工人阶级，健全以职工代表大会为基本形式的企事业单位民主管理制度，保障职工参与管理和监督的民主权利。发挥基层各类组织协同作用，实现政府管理和基层民主有机结合。

七是健全社会主义协商民主制度。这是与

我国国情和民主政治发展阶段相适应的，是中国特色社会主义政治发展道路和政治体制改革路径的新拓展，是我国人民民主的重要形式。政治体制改革必须把顶层设计与基层创新相结合。目前与构建和谐社会的要求相适应，我们应逐步完善协商民主制度和工作机制，推进协商民主广泛、多层、制度化发展。通过国家政权机关、政协组织、党派团体等渠道，就经济社会发展重大问题和涉及群众切身利益的实际问题广泛协商，广纳群言、广集民智，增进共识、增强合力，只有这样才能充分调动一切积极因素，推进社会主义民主政治和中国特色社会主义事业健康发展。

八是建立健全权力运行制约和监督体系。坚持用制度管权管事管人，通过保障人民知情权、参与权、表达权、监督权，确保权力正确运行。要确保决策权、执行权、监督权既相互制约又相互协调，确保国家机关按照法定权限和程序行使权力。坚持科学决策、民主决策、依法决策，健全决策机制和程序，发挥思想库作用，建立决策问责和纠错制度。凡是涉及群众切身利益的决策都要充分听取群众意见，凡是损害群众利益的做法都要坚决防止和纠正。推进权力运行公开化、规范化，完善党务公开、政务公开、司法公开和各领域办事公开制度，健全质询、问责、经济责任审计、引咎辞职、罢免等制度，加强党内监督、民主监督、法律监督、舆论监督，让人民监督权力，让权力在阳光下运行。

中国特色社会主义政治发展道路是团结亿万人民共同奋斗的正确道路。我们一定要坚定不移沿着这条道路前进，使我国社会主义民主政治展现出更加旺盛的生命力。

（三）文化建设

党的十八大报告指出：文化是民族的血脉，是人民的精神家园。全面建成小康社会，实现中华民族伟大复兴，必须推动社会主义文化大发展大繁荣，兴起社会主义文化建设新高潮，提高国家文化软实力，发挥文化引领风尚、教育人民、服务社会、推动发展的作用。

1. 推进社会主义文化强国建设的必要性

第一，文化建设是中国特色社会主义事业总体布局的重要组成部分。马克思主义认为，文化是指人类精神生产的能力和产品，它是一定社会经济和政治的反映，又给予一定社会的经济和政治以巨大的影响。我们党始终高度重视文化建设。1940 年，毛泽东在《新民主主义论》中指出："我们共产党人，多年以来，不但为中国的政治革命和经济革命而奋斗，而且为中国的文化革命而奋斗。"改革开放以来，我们党不断加深了对社会主义建设规律的认识。党的十五大明确提出了社会主义初级阶段中国特色社会主义经济建设、政治建设和文化建设的基本纲领，强调建设有中国特色社会主义的文化，就是以马克思主义为指导，以培育有理想、有道德、有文化、有纪律的公民为目标，发展面向现代化、面向世界、面向未来的，民族的科学的大众的社会主义文化。党的十六大以后，我们党又明确提出文化建设是中国特色社会主义总体布局的构成之一。文化建设作为这个总体布局的重要组成部分，是经济、政治、社会、生态文明建设的反映，又对经济、政治、社会和生态文明建设有着重要的影响和作用，只有大力发展社会主义先进文化，才能为经济、政治、社会和生态文明建设提供有力的思想保证、精神动力和智力支持。

第二，加强文化建设是提高全民族整体素质的重要途径。当今世界，激烈的综合国力竞争，越来越表现为教育科学发展水平和民族综合素质的竞争。我国是一个拥有 13 多亿人口的大国。如何不断提高全民族的思想道德素质和科学文化素质，把沉重的人口负担转化为巨大的人力资源优势，把人口大国建设成为人力资源大国，直接关系我国现代化建设和民族复兴的顺利实现，这也是我们党在中国执政必须重视和解决的一个重大问题。加强文化建设，有利于我们坚持马克思主义在意识形态领域的指导地位，牢牢把握社会主义先进文化的前进方向，加强和改进思想政治工作，提高人民群众的思想道德觉悟，进一步形成全社会共同的理想信念和道德规范，打牢全党全国各族人民团结奋斗的思想道德基础；有利于落实科教兴国战略，加快发展教育和科学事业，不断提高全民族的科学文化素质。

第三，加强文化建设是全面建成小康社会的重要奋斗目标。加强文化建设，满足人民群众日益增长的精神文化需求，是全面实施国家发展战略的需要，是加快提高国家文化软实力的需要。当今世界，文化的作用日益凸显，不仅经济社会发展越来越有赖于文化的支撑，文化产品和服务直接成为国际贸易和国际竞争的重要内容，而且文化领域已经成为国际政治斗争和意识形态较量的主战场，越来越多的国家把提高文化软实力作为重要发展战略。随着改革开放和经济社会的发展，人民的精神文化需求日趋旺盛，人们思想活动的独立性、选择性、多变性、差异性明显增强，对发展社会主义先进文化提出了更高要求。而我国文化发展同经济快速发展相比相对滞后，同全面建设小康社会的要求不相适应，同人民日益增长的精神文化需求不相适应，这在客观上要求我国文化有一个大发展大繁荣。

第四，提升文化软实力的需要。

软实力是美国学者约瑟夫·奈提出的衡量一个国家的综合国力高低的新概念，主要是指与经济、科技、军事领域表现出的“硬实力”相对应的包括因文化、价值观、制度、政策等对其他文化的吸引力、影响力。

当今世界正处在大发展大变革大调整时期，世界多极化、经济全球化深入发展，科学技术日新月异，各种思想文化交流交融交锋更加频繁，文化在综合国力竞争中的地位和作用更加凸显，维护国家文化安全任务更加艰巨，增强国家文化软实力、中华文化国际影响力要求更加紧迫。我国作为一个对世界产生过深远影响的、具有五千年历史的文明古国，尤其是在经济崛起国力大增之时，更应该注重挖掘文化的潜力，做到文化软实力的与时俱进。

2. 努力建设社会主义文化强国

一是要加强社会主义核心价值体系建设。

社会主义核心价值体系是兴国之魂，决定着中国特色社会主义发展方向。要通过开展社会主义核心价值体系学习教育，用社会主义核心价值体系引领社会思潮、凝聚社会共识。通过广泛开展理想信念教育，把广大人民团结凝聚在中国特色社会主义伟大旗帜之下。从国家层面看，追求富强、民主、文明、和谐；从社会层面看，倡导自由、平等、公正、法治；从公民个人层面看，做到爱国、敬业、诚信、友善。总之，通过积极培育社会主义核心价值观，牢牢掌握意识形态工作领导权和主导权，坚持正确导向，提高引导能力，壮大主流思想舆论。

二是要全面提高公民道德素质。

这是社会主义道德建设的基本任务。要坚

持依法治国和以德治国相结合，加强社会公德、职业道德、家庭美德、个人品德教育，弘扬中华传统美德，弘扬时代新风。

通过推进公民道德建设工程，在全社会弘扬真善美、贬斥假恶丑，引导人们自觉履行法定义务、社会责任、家庭责任，营造劳动光荣、创造伟大的社会氛围，培育知荣辱、讲正气、做奉献、促和谐的良好风尚。

针对道德领域内的突出问题，深入开展专项教育和治理，严厉打击失信、违法行为，加强政务诚信、商务诚信、社会诚信和司法公信建设。切实在社会上树立起诚信意识。

通过加强和改进思想政治工作，注重人文关怀和心理疏导，培育自尊自信、理性平和、积极向上的社会心态。

大力开展群众性精神文明创建活动，广泛开展志愿服务，推动学雷锋活动、学习宣传道德模范常态化。

三是要丰富人民精神文化生活。

要全面贯彻“二为”方向和“双百”方

针，提高文化产品质量，为人民提供更好更多的文化产品。文化繁荣发展的重要标志是创作生产更多无愧于历史、无愧于时代、无愧于人民的优秀作品。

要坚持面向基层、服务群众的方向，加快推进重点文化惠民工程，加大对农村和欠发达地区文化建设的帮扶力度，继续推动公共文化服务设施向社会免费开放。

优秀传统文化凝聚着中华民族自强不息的精神追求和历久弥新的精神财富，是发展社会主义先进文化的深厚基础，是建设中华民族共有精神家园的重要支撑。要建设优秀传统文化传承体系，弘扬中华优秀传统文化。

推广和规范使用国家通用语言文字。繁荣发展少数民族文化事业。开展群众性文化活动，引导群众在文化建设中自我表现、自我教育、自我服务。开展全民阅读活动。

加强和改进网络内容建设，唱响网上主旋律。加强网络社会管理，推进网络规范有序运行。开展“扫黄打非”，抵制低俗现象。普及科学知识，弘扬科学精神，提高全民科学素养。广泛开展全民健身运动，促进群众体育和竞技体育全面发展。

四是要增强文化整体实力和竞争力。

文化实力和竞争力是国家富强、民族振兴的重要标志。要坚持把社会效益放在首位、社会效益和经济效益相统一，推动文化事业全面繁荣、文化产业快速发展。

加强重大公共文化工程和文化项目建设，完善公共文化服务体系，提高服务效能。以公共财政为支撑，以公益性文化事业单位为骨干，以全体人民为服务对象，鼓励全社会积极参与，健全公共文化服务网络，大力发展公益性文化事业，切实保障人民群众看电视、听广播、读书看报、进行公共文化鉴赏、参与公共文化活动等基本文化权益。

促进文化和科技融合，发展新型文化业态，提高文化产业规模化、集约化、专业化水平，推动文化产业快速发展。经营性文化产业是满足人民多层次、多方面、多样化精神文化需求的重要途径，是充分发挥市场在文化资源配置中的积极作用，激发全社会文化创造活力的必然要求。

构建和发展现代传播体系，提高传播能力。一个国家文化的影响力，不仅取决于其内容是否具有独特魅力，而且取决于是否具有先进的传播手段和强大的传播能力。特别是当今信息社会，谁的传播手段先进、传播能力强大，谁的文化理念和价值观念就能广为流传，谁就掌握影响世界、影响人心的话语权。

扩大文化领域对外开放，积极吸收借鉴国外优秀文化成果。营造有利于高素质文化人才大量涌现、健康成长的良好环境，造就一批名家大师和民族文化代表人物，表彰有杰出贡献的文化工作者。

我们一定要坚持社会主义先进文化前进方向，树立高度的文化自觉和文化自信，向着建设社会主义文化强国的宏伟目标阔步前进。

（四）社会建设

加强社会建设，是社会和谐稳定的重要保证。必须从维护广大人民根本利益的高度，加快健全基本公共服务体系，加强和创新社会管理，推动社会主义和谐社会建设。

1. 加强社会建设必须以保障和改善民生为重点

近些年来，教育、医疗、住房等民生问题引起了社会的广泛关注。十八大报告顺应民意，提出“要多谋民生之利，多解民生之忧，解决好人民最关心最直接最现实的利益问题，在学有所教、劳有所得、病有所医、老有所养、住有所居上持续取得新进展，努力让人民过上更好生活”。因此，要努力办好人民满意的教育，推动实现更高质量的就业，增加居民收入，推进社会保障体系建设，提高人民健康水平，加强和创新社会管理。

一是要努力办好人民满意的教育。当今世界竞争日趋激烈，国家之间的竞争本质上是人才的竞争。从经济社会的发展看，人力资本是推动现代国家经济增长的重要原因，而教育是人力资本投资的最主要方式，从发达国家的经验看，无一不重视发展教育。个人通过高等教育，才能实现充分就业和实现人生价值，所以，教育是国家振兴和社会进步的基石，也是解决群众发展需求的重大民生问题。因此，要深化教育领域综合改革，全面实施素质教育，努力提高教育质量，培养学生创新精神。随着社会的快速发展，要与时俱进，建设学习型社会，完善终身教育体系。当前，面对我国存在的地区差距、城乡差距，要大力促进教育公平，合理配置教育资源，重点向农村、边远、贫困、民族地区倾斜，提高家庭经济困难学生资助水平，积极推动农民工子女平等接受教育。特别是在城乡教育设施不足、政府财力有限的情况下，要鼓励引导社会力量兴办教育，共同解决上学难问题。

二是要推动实现更高质量的就业。第一，就业是民生之本。对社会来讲，劳动可以创造社会财富。对个人来说，就业是生存和发展的基础。同时，人们通过参加劳动，建立各种生产关系和社会关系，融入社会，满足人的归宿感、成就感，甚至获得社会尊严，从这个意义上讲，劳动还是人融入社会的基本方式。所以就业是民生之本。第二，我国的就业形势总体是严峻的。温家宝在 2010 年达沃斯经济论坛上曾强调，我国劳动力人口接近 8 亿，是所有发达国家劳动力资源的总和，因此就业压力极大。十八大报告强调，要贯彻劳动者自主就业、市场调节就业、政府促进就业和鼓励创业的方针，实施就业优先战略和更加积极的就业政策。第三，做好以高校毕业生为重点的青年就业工作和农村转移劳动力、城镇困难人员、退役军人就业工作，加强对这些人员的职业技能培训，提升劳动者就业创业能力，增强就业稳定性。第四，面对市场条件下劳动者社会流动加快的新形势，要健全城乡统一的人力资源市场，完善就业服务体系，增强失业保险对促进就业的作用。第五，面对当前企业里逐渐增多的劳资矛盾、劳资纠纷，要健全劳动标准体系和劳动关系协调机制，加强劳动保障监察和争议调解仲裁，构建和谐劳动关系。

三是要千方百计增加居民收入。十八大报告明确提出“实现发展成果由人民共享，必须深化收入分配制度改革，努力实现居民收入增长和经济发展同步、劳动报酬增长和劳动生产率提高同步，提高居民收入在国民收入分配中的比重，提高劳动报酬在初次分配中的比重”；强调“初次分配和再分配都要兼顾效率和公平，再分配更加注重公平”。同时，报告指出，完善劳动、资本、技术、管理等要素按贡献参与分配的初次分配机制，激发社会的活力。面对居民收入之间的差距，报告提出要加快健全以税收、社会保障、转移支付为主要手段的再分配调节机制。要深化企业和机关事业单位工资制度改革，推行企业工资集体协商制度，保护劳动者的应得收入。政府带领群众走共同富裕的道路，需要创造条件让老百姓多渠道增加财产性收入，让更多的人进入中产阶层的行列，这是社会稳定的基础。为了实现收入分配的公平性，政府要“规范收入分配秩序，保护合法收入，增加低收入者收入，调节过高收入，取缔非法收入”。

四是要统筹推进城乡社会保障体系建设。社会保障是保障人民生活、调节社会分配的一项基本制度，是事关人民幸福安康的一项民生工程。十八大报告提出，要顺应群众在社会保障上的新需求，继续推进社会保障事业的发展。第一，全面建成覆盖城乡居民的社会保障体系，整合城乡居民基本养老保险和基本医疗保险制度。第二，改革和完善企业和机关事业单位社会保险制度，逐步做实养老保险个人账户，实现基础养老金全国统筹，建立兼顾各类人员的社会保障待遇确定机制和正常调整机制。第三，扩大社会保障基金筹资渠道，建立社会保险基金投资运营制度，确保基金安全和保值增值。第四，完善社会救助体系，健全社会福利制度，支持发展慈善事业，做好优抚安置工作。第五，建立市场配置和政府保障相结合的住房制度，加强保障性住房建设和管理，满足困难家庭基本需求。第六，坚持男女平等基本国策，保障妇女儿童合法权益。第七，积极应对人口老龄化挑战，大力发展老龄服务事业和产业。

五是要提高人民健康水平。第一，当前要坚持预防为主、以农村为重点、中西医并重，按照保基本、强基层、建机制要求，重点推进医疗保障、医疗服务、公共卫生、药品供应、监管体制综合改革，完善国民健康政策，为群众提供安全有效方便价廉的公共卫生和基本医疗服务。第二，健全全民医保体系，建立重特大疾病保障和救助机制，完善突发公共卫生事件应急和重大疾病防控机制。第三，针对医疗资源不足的问题，坚持公共医疗公益性，强化政府责任和投入，进一步健全农村三级医疗卫生服务网络和城市社区卫生服务体系，深化公立医院改革，同时，解放思想，鼓励社会办医，缓解我国医疗资源不足的问题。第四，提高医疗卫生队伍服务能力，加强医德医风建设，切实为民做好医疗服务。第五，改革和完善食品药品安全监管体制机制。开展爱国卫生运动，促进人民身心健康。

2. 加强和创新社会管理，提高社会管理科学化水平

构建新型社会管理制度体系，是加强和创新社会管理的关键。当前和今后一个时期，加快构建健全的新型社会管理制度体系的主要任务是，着力从源头治理、动态协调和应急处置三个层面，构建相互联系、相互支持的一整套规范、机制和制度体系，尽可能减少社会问题，及时化解社会矛盾，果断处置社会冲突与社会对抗，最大限度地激发社会创造活力，最大限度地增加和谐因素和减少不和谐因素，最大限度地化消极因素为积极因素。

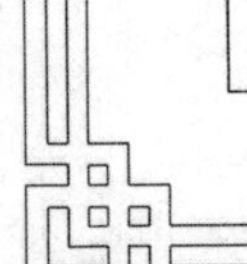

首先，要加强源头治理体系建设。源头治理是治本之举。加强源头治理，从根本上讲，就是要在党的领导下，坚持发展是第一要务，坚持用发展的办法解决前进中的问题，从社会管理本身讲，就是要构建源头治理体系，使关口前移，尽可能防止、减少、弱化严重社会问题和社会冲突的产生。

一是要健全社会规范体系。社会规范体系是通过制定法律和道德规范等确定共同行为准则来指导和约束人们行为、维护社会秩序的基本手段。社会规范体系不健全，或不遵守共同行为准则，是产生社会矛盾、引发社会冲突、危害正常的社会生活的重要根源。要在各个领域加快建立和完善行为规范体系，通过自律、互律、他律，把人们的行为尽可能地纳入共同行为准则的轨道，形成既要维护社会公共权益、又要尊重个人合法权益，既有统一意志、又有个人心情舒畅的社会环境。要加快公民个人基本信息制度、个人信用管理制度等社会基础制度建设，对违反社会共同行为准则的，要有相应的惩戒制度。

二是要着力保障和改善民生。完善群众基本利益保障机制，解决好民生问题，是社会管理源头治理的根本。各级政府要切实履行好保障和改善民生的职能，把促进基本公共服务均等化作为社会管理源头治理的重要基础。最大限度地实现高质量就业。坚持优先发展教育，更加重视教育公平，满足群众多样化的教育需求。坚持公共医疗卫生的公益性质，努力健全覆盖全国城乡的基本医疗卫生制度，逐步实现人人享有基本医疗卫生服务。加大保障性住房建设和农村危房改造力度，有效解决城乡低收入家庭和各类棚户区家庭的住房困难。加快完善社会保险制度，进一步完善城镇居民养老、医疗、失业、工伤、生育保险制度，健全农村社会保险的各项制度，扩大社会保险覆盖面，提高社会保障水平。建立健全社会救助体系，充分发挥慈善事业在社会管理中的作用。

三是要维护社会公平正义。在一些领域和方面存在的不公平不公正问题，是引发一些社会不和谐甚至严重社会问题的重要原因，也会直接挫伤一部分群众的积极性。维护公平正义是维系社会秩序和活力的基本条件，是社会主义和谐社会的内在要求。发展社会主义民主政治，从各个层次、各个领域扩大公民有序政治参与。建立健全权利平等、机会平等、规则平等的法律制度，尊重公民的合法权利。建设公平高效权威的司法制度，秉公执法，廉洁执法。探索建立社会保护体系，完善保障就业权、健康权、教育权、居住权等公民基本权利的社会政策，确立平等保护与特殊保护相结合的制度，对权益易受侵害的群体和个人给予一定的倾斜保护。确立规则公平，机会公平，实行最低保障、最低限度保护，并在发展的基础上逐步实现实质平等。

四是要完善政府决策机制。政府科学决策是体现人民当家做主、增进公民政治参与、强化社会管理源头治理的重要环节。各级政府要不断完善重大事项调查研究和集体决策制度，重大政策专家咨询制度、公示制度、公开征求意见制度，进一步健全民主决策程序。对事关群众切身利益的重大决策，要建立社会风险评估机制。重大政策制定、重大项目审批、重大工程立项、重大举措出台前，都要采取公示、听证等方式广泛听取意见，充分考虑可能出现的社会风险、环境影响、矛盾纠纷及各类不稳定因素，对大多数群众不理解不支持的事项缓出台或不出台，确保决策的合法性、合理性、可行性、安全性。

五是要深化体制机制改革。要继续深化重点领域改革。积极稳妥地推进户籍管理制度改革，落实放宽中小城市、小城镇特别是县城和中心镇落户条件的政策，逐步建立城乡统一的户口登记管理制度，加强和改进流动人口的服务管理，积极探索流动人口管理新办法。围绕推进基本公共服务均等化和主体功能区建设，完善公共财政体系，实现各级政府事权和财权相统一，加大各级财政对基本公共服务的投入，重点对农村和中西部地区进行倾斜，使城乡居民都能够享受到均等的基本公共服务。深化收入分配制度改革，初次分配和再分配都要处理好效率与公平的关系，再分配更加注重公平，逐步提高居民收入在国民收入分配中的比重，提高劳动报酬在初次分配中的比重，着力提高低收入者的收入，逐步提高扶贫标准和最低工资标准，建立企业职工工资正常增长机制和支付保障机制，进一步完善对高收入人群税收调节制度，扭转收入差距扩大趋势。

六是要强化思想道德建设。要切实把社会主义核心价值体系融入国民教育和精神文明建设全过程，使之转化为全国人民的自觉追求。建设和谐文化，加强社会公德、职业道德、家庭美德、个人品德建设，引导人们自觉履行法定义务、社会责任、家庭责任，努力形成讲秩序、强责任、守诚信、重包容的文明风尚。深入开展群众性精神文明创建活动，完善社会志愿服务体系，形成男女平等、尊老爱幼、互爱互助、见义勇为的社会风尚。

七是要加强社会心理服务工作。当前社会竞争压力加大，个人心理健康成为社会管理中亟待引起重视的新问题。要教育引导公民特别是青少年，树立正确的世界观、人生观、价值观，加强自身修养，提高自我和谐能力。在全社会开展个人心理健康知识的宣传，普及相关知识。建立健全个人心理医疗服务体系，大力开展个人心理调节疏导工作，建立心理危机干预预警机制。对因生活和工作等受到挫折而缺乏信仰、法治观念淡薄、对生活失去希望的人要给予更多关注，针对不同情况开展疏导、帮助、教育，使其重振生活信心，避免走向极端。

八是要加强信息化建设。运用现代的信息手段进行社会服务和管理，这也就是管理手段的现代化问题。我们已经进入信息化社会，需要好好利用信息化管理手段，及时跟踪舆情动态、研判舆情走势、评估舆情影响，正面地运用网络，正面地引导社会，利用互联网做好服务和管理。

其次，要强化动态协调机制建设。社会矛盾是不可能被完全消灭的。源头治理抓好了可以尽可能地减少社会问题，但不可能解决所有问题，为此，必须构建动态调节和化解机制，以使社会矛盾和问题不断得到及时化解和向好的方面转化，尽最大可能不让矛盾激化，使社会处于动态平衡、动态优化、井然有序、健康运行的状态。

一是要建立和完善诉求表达机制。建立方式多样、规范有序、畅通高效的诉求表达渠道，是及时解决社会问题和社会矛盾、提高社会动态平衡能力的重要条件。要完善政务公开制度、民主决策制度，提高公众参与程度。加强和改进信访制度，用群众工作统揽信访工作，把来访群众当家人，把群众来信当家书，把群众反映的问题当家事，让群众话有处说、冤有处诉、问题有处反映。教育和引导群众依法有序理性表达诉求。

二是要建立和完善矛盾排查和预警机制。这是有效预防社会问题、社会矛盾积累和激化、促进社会运行动态优化的重要措施。各级政府要针对所在地区社会管理中的热点、重点和难点问题，进行经常性的分析排查，建立矛盾纠纷滚动排查机制。加强对重点地区、重点工程、特殊群体、敏感时期的监控和排查，建立矛盾纠纷情报信息预警机制。对排查出来的问题，要按照“见微知著、抢得先机、争取主动、防止激化”的要求，及时予以解决。

三是要建立和完善社会矛盾调解机制。社会矛盾调解是当前有序解决社会问题的主要方式。要构建和完善人民调解、行政调解、司法调解相互衔接的大调解工作机制。夯实人民调解基础，建立健全区（县）、街道（乡镇）、社区（村）与楼门院（小组）四级纵向调解网络。建立健全由各级政府负总责、政府法制部门牵头、各职能部门为主体的行政调解工作新机制，认真办理行政复议、行政调解案件。完善司法调解格局，把调解优先的原则贯穿到执法办案工作中去。充分挖掘民间资源，充分利用乡规民约，充分动员各种社会力量参与化解调处矛盾纠纷。通过上述“大调解”，形成社会管理合力，及时有效地把矛盾化解在基层，实现案结、事了、人和。要善于运用教育、对话、协商、谈判等方式解决不同利益主体之间的利益冲突，建立有效的利益协调机制。

四是要建立和完善社会治安防控体系。社会治安防控体系是维护社会秩序、保障社会健康运行的重要支撑。在防控主体上，要充分发挥公安机关警务力量的主导作用，同时要发挥保安和志愿者的作用；在防控范围上，要建立健全街区防控网、社区防控网、单位内部防控网、视频防控网、虚拟社会防控网组成的治安防控体系，做到社会全覆盖；在防控对象上，要特别加强对重点人群的管理与服务；在防控组织建设上，要加强群防群治组织、110 系统以及区域警务协作建设；在防控手段上，要充分利用现代科技手段，实现人防、物防与技防的有效结合。

最后，要推进应急管理体制建设。当前我国正处于工业化、城镇化快速发展时期，即便抓好源头治理和动态协调，仍然会发生一些突发事件，加上自然灾害引发的突发事件，应急管理任务十分艰巨，需要构建应急管理体制。

一是要完善应急管理领导体制。按照“统一领导、综合协调、分类管理、分级负责、属地管理为主”的要求，建立健全各级各类应急管理机构，明确职责权限，理顺工作关系，完善工作制度，保证经费投入，配强领导班子。

二是要加强应急管理机制建设。健全完善突发事件监测预警机制、信息报告和信息共享机制、风险评估和事故调查机制、应急处置救援机制、社会动员和参与机制，以及信息发布和舆论引导机制、国际合作机制、恢复重建机制。

三是要加强应急管理法律和预案体系建设。进一步完善有关法律法规，抓紧制定各项配套制度和工作细则。进一步完善应急预案体系，提高预案的针对性和有效性；加强预案演练，确保预案规定内容落到实处，提高预案管理水平。

四是要加强全民风险防范和应急处置能力建设。依法落实风险和突发事件隐患排查监控责任，实现对各类风险隐患治理的制度化、规范化、常态化。加强应急知识和相关法规的全民宣传教育，将公共安全纳入国民教育体系。利用各种新闻媒体介绍普及应急知识，提高各级干部对突发事件的应对处置能力，提高全社会防灾救灾和应对危机的能力。

3. 要改进与完善社会管理工作格局和方式

完善社会管理格局，改进社会管理方式，既是加强和创新社会管理的重要内容，又是落实社会管理任务的基本保障。要按照“党委领导、政府负责、社会协同、公众参与”的要求，进一步完善社会管理的工作格局，调动一切有利于社会和谐的积极因素，形成共建和谐社会的生动局面。

党委领导，就是要发挥党委在社会管理格局中总揽全局、协同各方的领导核心作用。要把领导社会管理工作放在党委工作突出重要的位置上，像经常分析经济形势那样，经常分析社会形势，正确把握社会管理的大政方针。支持政府依法行政和依法管理，引导各种社会组织、群众组织、自治组织和人民群众积极有序参与社会管理，充分发挥基层党组织和共产党员在社会管理中的作用。要合理配置党政部门社会管理的职责权限，切实解决多头管理、分散管理、难以形成有效合力的问题。

政府负责，就是要强化政府的社会管理职能，做到职能到位、工作到位、责任到位。要转变政府职能，更加重视社会管理，通过制定法律法规、完善社会政策、健全社会管理体系、培育和管好社会组织、畅通公民参与渠道等，切实发挥好政府在社会管理中的主导作用。建立和完善社会管理的考核机制，研究制定科学的社会管理考核指标体系，把考核结果作为干部奖惩和使用的重要依据。

社会协同，就是要发挥各类社会组织的作用，整合社会管理资源，积极推动建立政府调控机制同社会协同机制互联、政府行政功能同社会自治功能互补、政府管理力量与社会调解力量互动的社会协同管理网络。一要加强以城乡社区为重点的基层基础建设，增强基层组织

社会管理的能力。二要发挥社会组织的作用，支持工会、共青团、妇联等人民团体依照法律和各自章程开展工作，参与社会管理和公共服务，维护群众合法权益。三要强化各类企事业单位社会管理的责任，维护好集体利益和职工个人权益，保持社会稳定。

公民参与，就是要充分发挥人民国家人民管理的作用，引导公民依法理性有序参与社会管理。要培养公民意识，履行公民义务。积极开展志愿服务活动，健全社会志愿服务长效机制。探索公民参与社会管理的机制和途径，为公民参与创造条件，努力形成社会管理人人参与、人人共享的良好局面。

（五）生态文明建设

党的十八大报告指出：建设生态文明，是关系人民福祉、关乎民族未来的长远大计。面对资源约束趋紧、环境污染严重、生态系统退化的严峻形势，必须树立尊重自然、顺应自然、保护自然的生态文明理念，把生态文明建设放在突出地位，融入经济建设、政治建设、文化建设、社会建设各方面和全过程，努力建设美丽中国，实现中华民族永续发展。

1. 生态文明建设提出的背景

21 世纪头 20 年是我们必须紧紧抓住并且可以大有作为的重要战略机遇期，同时我们也面临着严峻的资源环境形势和巨大的国际竞争压力。

一是资源约束矛盾日益突出。从资源禀赋看，我国是总量上的大国，人均上的贫国。人均淡水资源占有量仅为世界平均水平的1/4，人均耕地占有量不到世界平均水平的 40%，石油、天然气人均占有储量为世界平均水平的 11%和 4.5%，铁矿石、铜和铝土矿储量分别为世界平均水平的1/6、1/6和1/9，45 种矿产资源人均占有量不到世界平均水平的一半。

资源禀赋与人口不断增长之间的矛盾将长期存在。目前我国正处在工业化和城镇化加快发展的阶段。国际经验表明，重化工业的能源消耗是轻工业的4倍，这是一个资源消耗强度加大的阶段，更加剧了资源短缺的矛盾。近两年我国承接发达国家产业转移，又加大了国内资源的供给压力。另外，我国正处于城市化加快发展阶段，城市化也要增加能源资源的消耗。

二是环境形势日益严峻。当前，我国生态环境总体恶化的趋势尚未得到根本扭转，环境污染日益严重。水环境每况愈下，大气环境不容乐观，固体废物污染日益突出，城市生活垃圾无害化处理率低，二次污染严重。农村畜禽粪便、水产养殖污染，农药、化肥的不合理使用，使农村环境问题日益严重，直接威胁到农产品质量安全。生态环境恶化，水土流失严重，森林生态系统质量下降，生物多样性锐减，生态安全受到严重影响。

三是提高国际竞争力面临更大压力。随着我国加入WTO过渡期的结束，竞争将更加激烈。目前，我国在出口产品结构中，初级产品和原材料仍占较高比例，处于国际贸易分工的下端。资源消耗高、浪费大、利用率低是产品成本高的一个重要原因，已经成为影响我国企业和产业竞争力的一个重要因素，同时也制约着经济增长质量和效益的提高。在经济全球化过程中，关税壁垒作用日渐削弱，但包括产品能效和环境标准、标识、废弃物回收、包装等“绿色壁垒”在内的非关税壁垒日益凸显，对我国发展对外贸易特别是扩大出口产生了日益严重的影响。

实践证明，传统的高投入、高消耗、高排放、低效率的增长方式已经走到了尽头，不加快转变经济增长方式，资源难以为继，环境难以承受。发展循环经济、建设资源节约型和环境友好型社会，是实现经济增长方式根本性转变、走新型工业化道路，从根本上缓解资源约束矛盾，减轻环境压力，增强国民经济整体素质和竞争力，实现全面建设小康社会目标的必然选择。

2. 建设生态文明必须转变经济发展方式和消费方式

改革开放 30 多年来，特别是中央提出加快推进两个根本性转变以来，我国在推动资源节约和综合利用，总结、探索发展循环经济模式方面取得了积极成效。在党中央提出的“资源开发与节约并重，把节约放在首位”方针的指导下，节能降耗取得明显成效，实现了能源增长翻一番支撑国民经济翻两番的目标。在优惠政策的扶持和引导下，我国资源综合利用规模不断扩大，技术水平不断提高，取得了较好的经济和社会效益。近年来，在借鉴国外发展循环经济成功经验和总结国内开展资源节约与综合利用取得成效的基础上，有关部门和地区开展了循环经济示范试点，探索推动循环经济发展的不同模式，为加快发展循环经济，建设资源节约型和环境友好型社会积累了经验。

当前我国在推进循环经济发展、建设资源节约型和环境友好型社会方面还存在一些实际困难和障碍。一是节约优先的方针未能很好落实，节约优先没有很好体现到发展规划、城市建设和各项工作中去；二是法律法规不健全，标准不完善，可操作性差；三是尚未建立促进资源节约的长效机制，资源性产品价格不合理，支持和鼓励节约降耗的财税体制不完善，融资渠道不畅，国有企业改革和政府管理体制改革不彻底，难以形成促进节约的有效激励；四是缺乏技术支撑，开发大幅度提高资源利用率的共性和关键技术的能力不强，生产工艺技术和装备水平还不能适应大幅度提高资源利用率的需要；五是全民节约意识不强，发展思路不对头、消费心理扭曲、消费方式不合理造成了资源的极大浪费，成为建设资源节约型和环境友好型社会的最大障碍。

发展循环经济、建设资源节约型和环境友好型社会，必须树立和落实以人为本、全面协调可持续的科学发展观，紧紧围绕实现经济增长方式的根本性转变，以提高资源利用效率为核心，以调整经济结构为主线，以制度创新和技术创新为动力，强化节约意识，加强法制建设，完善政策措施，建立长效机制，以资源的高效利用促进经济社会可持续发展与和谐社会建设。为此，要着力构建节约型的经济增长方式、节约型的产业结构、节约型的城镇化模式、节约型的农业生产体系、节约型的消费方式，树立节约型的思想观念。

构建节约型的增长方式。在需求结构上，要实现由主要依靠投资和出口拉动增长向消费和投资双轮驱动、内需和外需共同拉动转变；在产业结构上，要由主要依靠工业带动经济增长向工业、服务业和农业共同带动经济增长转变；在生产要素投入上，要由主要依靠资金和自然资源支撑增长向更多地依靠人力资本和技术进步支撑转变；在资源利用方式上，要实现由“资源—产品—废弃物”的单向式直线过程向“资源—产品—废弃物—再生资源”的反馈式循环过程转变，使经济增长建立在经济结构优化、科技含量提高、国民素质增强、质量效益提高的基础上，逐步形成“低投入、高产出、低消耗、少排放、能循环、可持续”的经济增长方式。当前要全面推进能源、原材料、水、土地等资源节约。

构建节约型的产业结构。要大力发展第三产业，提高其在国民经济中的比重；大力发展高新技术产业，特别是要加快发展并做大做强信息产业，加速信息化进程；加快用高新技术和先进适用技术改造传统产业，实现传统产业升级；大力振兴装备制造业，提高核心竞争力；加快淘汰落后工艺、技术和设备；推进企业重组，提高产业集中度和规模效益；调整能源消费结构，提高优质能源的比重。开发区建设要充分考虑节约用地，实行最严格的耕地保护政策。根据资源条件和环境容量确定科学合理的主体功能区定位，促进区域产业合理布局。加强重点行业能源、水、原材料消耗的管理，严格执行设计规范；加强节能、节水技术改造，加强废渣、废水、废气综合利用管理，提高资源综合利用率。

构建节约型的城镇化模式。我国正处在快

速城市化的进程中，依据我国国情，城镇化发展必须充分考虑自然资源条件和环境承载能力，合理利用土地、水、能源等重要资源。严格控制建设用地，积极保护耕地，提高单位住宅面积密度，改进建筑结构，增加可使用空间，充分利用地下空间，合理配置居住区绿化用地，土地使用功能适当混合。合理规划城市交通运输体系，优先发展公共交通，建立城市立体交通系统。大力发展节能建筑，推广应用新型建筑材料，推进建筑废物综合利用；新建建筑实行装修一次到位，禁止二次装修。发展城市集中供热，有条件的要发展分布式供热；城市规划要充分考虑水资源开采与补给的平衡以及供水与排水系统对节水的有效性；住宅小区建设要配套雨水、生活废水收集与处理回用设施，加快再生水利用，推行分质供水。建立规范的再生资源回收体系，因地制宜实施垃圾资源化利用。

构建节约型的农业生产体系。大力发展集约化农业和生态农业，调整农业生产布局和产品结构，不断提高农业产业化和精准化水平，节约使用土、肥、水、电、种、药等投入要素。继续推广节水灌溉技术和节能型农业机械，提高资源能源的产出效率；推广使用高效安全生物农药，从源头上消除餐桌污染；推广农产品深加工技术，提高利用效率和附加值；积极推进秸秆、牲畜粪便等农业废物综合利用，搞好垃圾、污水处理，改善农村生存环境；大力发展沼气工程并使之成为农村的补充和替代能源。

构建节约型的消费方式。倡导绿色消费，引导合理消费，反对盲目消费、过度消费和奢侈消费。住房、汽车等新的消费热点在拉动消费结构升级中发挥着重要作用。要鼓励购买低油耗、低排量的节能环保型汽车和节能省地型住宅。鼓励消费者购买节能、节水产品和再生利用产品。禁止过度包装，尽可能不使用一次性产品。尤其是政府机关和广大党员干部要带好头，2013 年中共中央、国务院印发了《党政机关厉行节约反对浪费条例》，对政府机关及党员干部在厉行节约方面提出了明确的要求。

3. 推进资源节约型和环境友好型社会建设

将节约资源作为基本国策，长期坚持和实施节约优先的方针。必须从战略和全局的高度充分认识节约资源对实现全面建设小康社会目标的重大意义，明确将“节约资源”与“控制人口、保护环境”并列为基本国策，将加快建设节约型社会作为国民经济和社会发展规划的重要任务之一，把节约资源作为编制各类专项规划、区域规划和城市发展规划的重要指导原则，把节约能源和资源作为结构调整的重要目标和深化税收、财政、投资、金融等改革的重要内容。

加快法制建设，加强执法监督。要抓紧制定和修订促进资源有效利用的法律法规，解决无法可依和法律不完善的问题。《循环经济促进法》于 2009 年就开始施行了，我们要切实依法健全节水、资源综合利用、建筑节能、节约石油以及包装物回收利用等方面的工作。建立执法责任制，保证现有法规的有效贯彻实施。要加快国家标准制度体系的建设，制定和完善各类产业标准、行业标准和产品标准，依法建立严格的监管制度，加大执法监督检查的力度。对重要矿产资源开发，实行严格的开发准入条件；对高消耗、高污染行业的新建项目，要从能源、水资源消耗以及土地、环保方面实行更为严格的产业准入标准。加快制定工业耗能设备、机动车、家用电器、照明器具等强制性、超前性的能效标准，修订和完善主要耗能行业节能的设计规范，提高建筑的节能标准。完善重点用水行业取水的定额标准。建立和完善高耗能的落后工艺、技术和设备的强制淘汰制度，重点耗能产品的市场准入制度，新建建筑的准入制度，生产者的责任延伸制度等。

完善促进资源节约的政策体系。加快完善自然资源的价格形成机制，逐步理顺资源性产品与最终产品的比价关系。积极调整水、热、电、天然气等的价格政策，促进资源的合理开发、节约使用、高效利用和有效保护。充分运用价格机制调控土地，提高土地的使用效率。制定支持循环经济发展和节约型社会建设的财税和收费政策。加快研究制定鼓励使用节能节水减免税产品的优惠政策和鼓励发展节能车型与加快淘汰高油耗车辆的财政税收政策；继续完善资源综合利用的税收优惠政策；调整完善资源性产品进出口的税收政策。公共财政要加大对政府资源节约管理和政府机构节能改造的支持力度。研究建立再生资源回收处理收费制度。完善矿产资源补偿费制度。建立和完善企业生态恢复、破坏修复责任制度。对一些节约资源、发展循环经济的重大工程项目和技术开发、产业化示范项目，政府给予直接投资或资金补助、贷款贴息等支持，发挥政府投资对社会投资的引导作用。

加快技术创新，突破技术瓶颈。组织开发有重大推广意义的共性和关键技术，包括减量技术、替代技术、再利用技术、资源化技术、系统优化技术、延长产业链和相关产业链接技术、“零”排放技术，以及降低再利用成本的技术等，努力突破发展循环经济的技术瓶颈。坚持引进技术与消化、吸收、创新相结合，提高自主创新能力。同时加强工程应用科技的开发，将其纳入科技中长期发展规划和产业化发展规划。

促进机制创新，发挥市场的引导作用。建立信息发布制度，利用现代信息传播技术，及时发布国内外各类资源节约信息，引导企业挖潜改造。实施能效标识管理，引导用户和消费者购买节能型产品，促进企业加快高效节能产品的研发。推行合同能源管理，为企业实施节能改造提供诊断、设计、融资、改造、运行、管理一条龙服务。同时，建立节能投资担保机制，为合同能源管理提供担保，促进节能技术服务体系的发展。推行节能自愿协议，即耗能用户或行业协会与政府签订节能自愿协议。

此外，还要广泛开展国情教育，增强全社会尤其是各级领导干部和中小学生的资源忧患意识与节约资源、保护环境的责任意识。

参考文献

[1] 薛泽洲等：《邓小平与中国现代化》，福建教育出版社，2001 年版。

[2] 陈述：《理论方略》，江西人民出版社，2001 年版。

[3]《中国共产党历史（第一卷)》，中共党史出版社，2002 年版。

[4] 黄宏：《马克思主义创新史》，云南教育出版社，2002 年版。

[5] 陈登才等：《邓小平与中国新道路》，中共中央党校出版社，2004 年版。

[6] 秦刚等：《马克思主义在中国的创新和发展》，江苏人民出版社，2004 年版。

[7] 金民卿：《理论——中国化马克思主义的初步形成》，江西高校出版社，2009 年版。

[8] 陈亚联：《道路——中国特色革命道

路的开辟》，江西高校出版社，2009 年版。

［9］《中国共产党历史（第二卷）》，中共党史出版社，2011 年版。

［10］王海军：《改革开放以来中国共产党理论创新基本经验研究》，中共党史出版社 2011 年版。

［11］王骏飞等：《马克思主义中国化的历史进程简明读本》，四川人民出版社，2012 年版。

［12］郑德荣等：《中国特色社会主义道路基本问题研究》，人民出版社，2012 年版。

［13］孔德生等：《复兴之路》，吉林人民出版社，2012 年版。

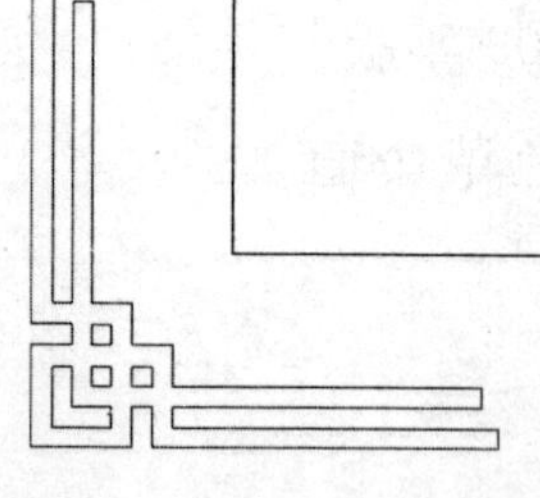